日韓記者・市民セミナー　ブックレット 13

消してはならない歴史と「連帯の未来像」

＊目次＊

はじめに

日韓記者・市民セミナー　ブックレット第13号は、『消してはならない歴史と「連帯の未来像」』をタイトルにしました。

猛暑の夏、八月は戦争と平和を考える月と位置付けられ、報道各社が特集を組みます。一九四五年八月六日に広島、九日に長崎に原爆が投下され、広島ではおよそ一四万人、長崎では七万四千人が死亡したと推定されています。被爆者は今も後遺症に苦しめられており、その意味では戦争が今も続いていると言っても過言ではありません。

しかし、世界で唯一の被爆国、日本は被害者であると同時にアジアを侵略した加害者であることは厳然たる事実です。被爆したのは日本人だけではなく、広島と長崎で合わせて七万人の在日が原爆に見舞われました。このうち四万人が死亡、二万三千人が帰国したと韓国原爆被害者協会は発表しています。

広島市内にある韓国人原爆犠牲者慰霊碑は一九七〇年四月に建設されましたが、民団などの強い働きかけによって「慰霊碑」が念願の平和記念公園内に移設されたのは一九九九年七月のことでした。

実に二九年も蚊帳の外に置かれていた慰霊碑でしたが、今年二〇二三年五月、岸田文雄首相がG7広島サミットに招待した尹錫悦大統領とともに訪れ、献花と祈りを捧げました。遅きに失したとは言え、両首脳による初の慰霊事業が関係改善に拍車をかける契機になれば犠牲者も草葉の陰で喜ぶでしょう。

四五年八月一五日の天皇の「玉音放送」によって日本の無条件降伏が国民に知らされ、第二次世界大戦終結に向かいます。当時二三〇万人いたとされる在日は植民地支配からの解放を喜び、帰心矢の如しで帰郷を急ぎました。その背景には関東大震災の虐殺が再現されるのではとの恐怖があったとの証言もあります。悪夢は今日のヘイトクライムに繋がっています。

日本近代文学を研究してきた廣瀬陽一さんのテーマは「転向」から始まりました。研究課程で在日朝鮮人文学者の金達寿の作品『朴達の裁判』に出会うことから植民地朝鮮の転向問題を考える中野重治にたどり着きます。

中野は「関東大震災の時に朝鮮人を殺したのに日本人が罪の意識を感じなかった根底には、朝鮮人であることに罪があったと考えることで罪の意識を免れさせる構造があるのではないか」と問題視。日本人と朝鮮人の不平等な連帯を超える新たな端緒は、日本人が「圧迫民族」への権力志向を自発的に断念することから始まる、それが朝鮮認識の到達点だと捉えています。

内海愛子さんはいまだに解決していない朝鮮人・韓国人元BC級戦犯の問題を世に問い続けています。BC級戦犯とは植民地支配下で日本の戦争に駆り出され、捕虜収容所に勤務した軍属で、極東国際軍事裁判では「日本人」として裁かれ、一部は有罪判決を受けました。

刑死者には何の補償も謝罪もないにもかかわらず靖国神社に合祀されている結末にいたっては、死してなお「天皇の赤子」であるということでしょうか。

日本は一九五一年のサンフランシスコ講和条約で戦争裁判の判決を受け入れることで主権を回復

することになりましたが、五二年の民事局長通達で朝鮮人、台湾人の日本国籍をはく奪することで彼らを「援護法」から排除しました。用済みの朝鮮人は「後は野となれ山となれ」ということでしょう。時の首相の吉田茂が吐いた「あいつらはアカだ。みんな日本からたたき出したい」という本音を明らかにしています。今に続く外国人排除の論法です。

関東大震災朝鮮人虐殺の真相を追及してきた故姜徳相・滋賀県立大学名誉教授に師事した山本すみ子さんは、流言飛語の発生源を「官憲説」とする姜先生の研究の中心部分を紹介しています。「日本人一般ではなくて朝鮮人を監視して取り締まることを専門にしていたプロ、すなわち憲兵や特高警察鮮人係が流言を初めに流布し、権力が広めていった」。大震災のどさくさにまぎれて社会主義者の大杉栄らを殺害した憲兵分隊長は、朝鮮全土に広がった三・一独立運動を戦争とみなし、弾圧したことで功労賞を得ています。

戦前の内務省が特高を警視庁内に設置し、入管業務を所管していた事実からすれば、収容外国人の命を危険にさらす入管の非人道ぶりも今日まで脈々と続いていることがわかります。

二〇二三年八月六日

一般社団法人ＫＪプロジェクト代表　裵哲恩（ペー・チョルン）

第一講　民族的連帯から見るインターナショナリズム
――中野重治の朝鮮認識を手がかりに

廣瀬　陽一――大阪公立大学客員研究員

私は今回、「中野重治の朝鮮認識」を手がかりにして、国境を越えた連帯・インターナショナリズムを、民族的連帯の観点から問い直してみるとどうなるのかについて、話していきたいと思います。

昨年（二〇二一年）一二月に『中野重治と朝鮮問題』（青弓社）という本を出させていただきました。中野重治は日本人と在日コリアンの間で、朝鮮問題に対して真摯に取り組み続けたと高い評価を得ています。プロレタリア文学者であると同時に、「雨の降る品川駅」（一九二九年）という詩で著名ですが、この詩を書いた後、敗戦後から晩年までどのように朝鮮問題に取り組んだのか全体的に書いたつもりです。

▼中野研究に至る経緯

まず、「中野重治の朝鮮認識」をなぜ研究するようになったのか、自己紹介を兼ねてお話ししたいと思います。

すぐあとで申し上げるように、私の最初の本は金達寿（キム・ダルス）という人に関するものですが、私は基本的に日本近代文学の研究者です。修士課程からずっと、「転向」というものをテーマに研究してきました。

転向という言葉は良い意味の言葉ではありません。共産主義者や共産党員が党や思想を捨てて天皇制に帰順する現象を指す言葉、あるいはもっと一般的には社会をより良くしようという意志を失って、現状肯定に転ずるような現象を指す言葉として通用しています。

私もそういうところから転向の問題を考え始めましたが、やっていくうちに、今までの転向研究には大きな問題があると思うようになりました。

＊金達寿「朴達の裁判」との出会い

今までの転向研究、例えば『共同研究転向』（一九五九年－六二年）とか、吉本隆明の「転向論」（一九五八年）とかで扱われる転向者の中に入ってこないような転向者が膨大にいたことがわかってきたからです。例えば女性の転向者とか、植民地の人々。特に朝鮮人の転向者というものが、転向論の中には全く入っていません。

それをどうしたらいいのか考えるようになりましたが、そんな時にたまたま出会ったのが在日朝鮮人文学者で、後に古代史論者として活躍した金達寿という人です。

この人が一九五八年に「朴達の裁判」という小説を書きます。これは「南部朝鮮K」という、架空の町を舞台にした小説でして、朴達（パク・タリ）という無学な朝鮮人青年が、転向を武器に、「南部朝鮮」の政治権力や駐留米軍との闘いを展開するという物語です。

これが非常にユーモラスな小説で、朴達は政治活動して逮捕されて留置場に入れられる。するとすぐに謝って、「もうこれからしませんので勘弁してください」と言って泣きわめく。警察はこんな奴を相手にしても仕方がないということで釈放する。しかし自由になるとまたすぐにビラをまくなどして政治闘争を開始する。また捕まると泣きわめいて謝って、また出てくる。これを延々繰り返す小説です。

当時高く評価されて芥川賞候補になり、川端康成とか中村光夫などの選者たちから絶賛されましたが、結果は落選してしまいます。

＊鶴見俊輔が受けた衝撃

この小説には何人もの人がショックを受けたようで、特に逸話として残っているのが、『共同研究転向』の中心的存在だった鶴見俊輔です。

鶴見は『共同研究転向』の上巻を出した後に、金達寿から『朴達の裁判』の単行本を贈られて、「あなたに読んでもらわないと困るんです」と言われたらしいです。

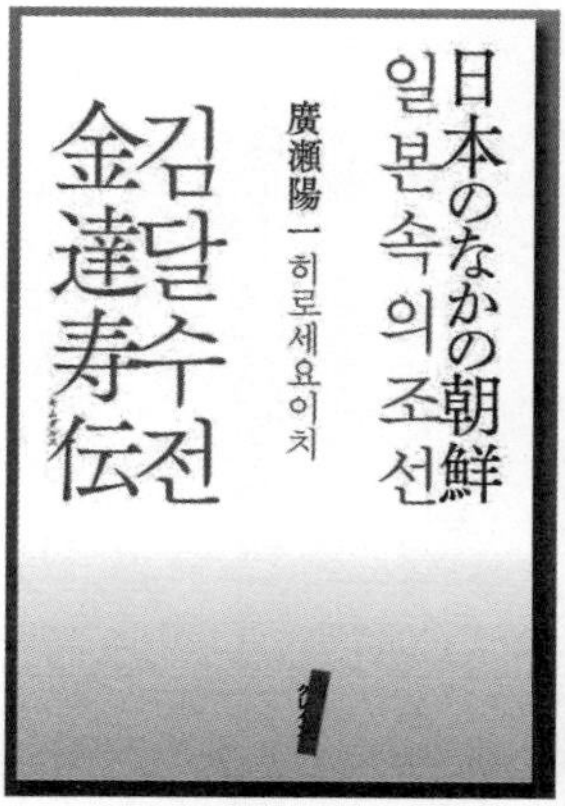

その後、鶴見はずっとこの小説を気にかけ続け、最晩年に上野千鶴子さんと小熊英二さんが鶴見にインタビューした本（『戦争が遺したもの』二〇〇四年）がありますが、そこでも出てくるぐらいです。五〇年以上ずっと気にかけるほど、鶴見の心に刺さった小説なんです。

このエピソードから私は、鶴見にこんなふうに考えさせたこの小説についてどう考えたらいいのかと思うようになりました。当時の私は金達寿がどういう人なのか全く知りませんでしたから、金達寿にちょっと興味を持ちました。

そんなときに偶然、神奈川近代文学館に金達寿文庫というものがあることを知りました。ここは金達寿が亡くなった後、彼の蔵書や資料を保管しているところです。これを調査しようと思いまして、私は二〇一一年に大阪府立大学の大学院博士課程に入って、本格的に研究を始めました。

金達寿という人は文学者・古代史論者と見られていますが、これに対して私は日本と朝鮮、日本人と朝鮮人との関係を人間的なものにするということに尽くした在日朝鮮人文学者であり知識人と捉え直しました。この観点から、まず私は研究書として『金達寿とその時代』という本を、図書出版クレインから出させていただきました（二〇一六年）。

その後、もう一冊、今度は評伝『日本のなかの朝鮮　金達寿伝』を、やはりクレインから出させていただきました（二〇一九年）。この二冊で、金達寿の仕事や生涯がかなり詳しくわかるようになったと思います。

＊日本とは異なる韓国の転向研究

こういう研究をしていると、韓国における転向問題についての研究が視野に入ってくるわけです。すると、韓国でも転向研究がかなりあるということがわかってきました。しかも日本の転向研究の成果を批判的に参照していて、それが朝鮮人の転向にはいかに通用しないかということから始まる研究ばかりなんです。

日本の転向文学あるいは転向研究者は、こういうことを全然知りません。知っている人が非常に少ない。これはどういうことなのかと、だんだん考えるようになりました。

そのうち、植民地朝鮮に残っている転向問題は、植民地朝鮮に元々あったものではなく、日本が植民地支配の過程で朝鮮に輸出し、そのまま敗戦とともに置き去りにして、きれいさっぱり忘れ去ってしまった植民地支配の負の遺産だと気づくようになりました。この歴史の忘却をどう考えるか、韓国社会あるいは広くコリア社会から問われているのではないかと思うようになりました。

そうすると、韓国からの批判にどう答えるかが次の課題となります。日本人の側からこういった問題を考えた人は誰なのか。そう考えた時に思い浮かんだのが中野重治でした。

こういう経緯で中野の朝鮮認識を研究した成果が、この『中野重治と朝鮮問題』という本です。私は転向という問題を一貫して考えてきましたが、金達寿という在日朝鮮人文学者を一旦経由することで、転向と日本近代文学について新しい角度から捉えられるようになったのではないかと思います。

＊芸術家の「義務的大前提」

金達寿が生涯をかけて取り組んだ課題は、日本と朝鮮、日本人と朝鮮人との関係を人間的なものにするにはどうしたらいいかということです。この課題に日本人の側からどう答えるかというときに、一つ面白いと思ったのが、中野が一九五二年に書いた「いいことだ」というエッセイです。

これは、文芸評論家の福田恒存が被差別部落問題について尋ねられて、「自分は被差別部落問題について知らないし考えることもできない」と答えたことを批判した文章です。

中野はこういうふうに書いています。

「事実として知らぬ、今の今まで知らなかったとしても、いまは、問われた今は知ったのであり、知る必要があり、想像することができねばならぬ。この最後のことが、芸術家の義務的大前提なのだから」

どんな問題であれ、知らなければそれは知らないということでも仕方がない。けれども知ったからにはそれについて深く知る必要があるし、もっと想像力を働かせねばならない。それが「芸術家の義務的大前提」だと、中野は訴えたのです。そして中野はこの言葉通りに、朝鮮問題に対して「芸術家の義務的大前提」を履行して、最晩年まで取り組み続けました。

私はこのような中野の取り組みから学ぶことで、近代日韓関係の歴史と向き合い、民族的連帯の新たな未来像というのが提示できるのではないか、そこに文学研究というものも何らかの寄与ができるのではないかと考えます。

▼中野重治の朝鮮認識の変遷と圧迫民族の文学

＊中野重治と朝鮮との関わり（敗戦まで）

中野自身は、生涯を通じて一度も朝鮮を訪れたことはありません。ただ家族には、朝鮮総督府の官吏として土地調査事業に当たった父親の中野藤作、それからプロレタリア詩人として著名だった金龍済（キム・ヨンジェ）と恋愛関係になった妹の鈴子がいます。

中野重治

父親の経歴が反映されていると思いますが、文学活動を始めた一九二〇年代に、「国旗」「朝鮮の娘」「雨の降る品川駅」など、朝鮮を題材にした詩や短編小説を書いています。

しかし一九三〇年代に入るとそういった文章は急激に減り、四五年まで朝鮮に言及した文章はほとんど見られなくなります。

中野と朝鮮人との交流は、遅くても東京帝国大学に入学して新人会に入ったくらいから始まったと思われます。金斗鎔（キム・ドゥヨン）とか、李北満（イ・プクマン）とかです。そういった直接的な付き合いだけでなく、京城にいた金鐘漢（キム・ジョンハン）とは手紙だけですけど、やり取りがありました。

こういうふうに朝鮮人と幅広く交流したということはいろいろ伝わっていますが、では具体的にどんな人とどんなふうに付き合ったのか、その実態はほとんどわかりません。どの朝鮮人に対しても、親密に交流した期間はそんなに長くなかっただろうと推測します。

＊敗戦後の日米安保条約と「被圧迫民族の文学」

これが敗戦までの中野と朝鮮との関わりですが、中野は敗戦後、朝鮮問題について、あらためて取り組んでいかなければならないと考えます。

その一つのきっかけとして私が非常に注目するのが、「被圧迫民族の文学」という一九五四年に書かれた文章です。「被圧迫民族の文学」で、中野はいったい何を主張したのかを簡単に紹介いたします。

「わたしの考えでは、被圧迫民族としての日本民族の、被圧迫民族の文学としての日本文学の問題であるように思う。それだから、言いかえれば、被圧迫民族の文学について考えることは、わたしにとっては、これからの日本文学について考えるのと同じことになる。自分自身の文学について考えることが、取りも直さずこの問題について考えることになる」

「圧迫民族の文学であったものが被圧迫民族の文学となり、それを、圧迫民族であって今は被圧迫民族となった日本人が考えねばならぬというところ、ここにこの問題の今日の重要性がある」

敗戦後の日本の文学は「被圧迫民族の文学」になり得るのか、もうなっていると考えたのか、ちょっと微妙ですが、中野はこのように考えました。

＊日米安保条約と日韓議定書の類似性

中野にこのような認識を与えたものは何だったのか。その契機の一つは、日米安保条約が締結される半年ほど前の一九五一年一〇月に開かれた、「平和条約および日米安全保障条約特別委員会」です。そこで労農民党主席の黒田寿男議員が、吉田茂首相に対して、「日米安保条約は安全保障条約ではなくて、むしろ保護条約の性格を持っているのではないのか」と問いました。日米安保条約は一九〇五年に締結した日韓議定書と似ているのではないかと指摘したのです。

黒田の発言を次に引用します。

「共産党の諸君は日満議定書の例をよく引用されます。私から見れば、なるほどそれもある程度の類似性を持っておりますが、もっと多くぴったりした類似性をもつものが、私の目から見るとあると思う」

そして最後に、

「今ごろになって保護国というと諸君はおかしいと思われるだろう。国際関係におきましてそういうものは次第になくなりつつあります。今はもうほとんどないといってもよろしいでしょう。ところがこの日韓保護條約の例に、この日米安全保障條約の例が実によく似ておる」

これを受けて中野も「被圧迫民族の文学」で、安保条約と日韓議定書の類似性に着目します。

そして次のように述べます。

「この両者〔安保条約と日韓議定書〕に直接むすびつけて理解されることであった。しかし実際には、われわれの大多数のなかで、それがそのように、じかに肉感的に受けとられるということは残念ながらなかったのである。それは、一方からいえば、自分で何をやってきたかを知らぬものには、ひとから同じことをされてもそれがよくわからぬということである。むろんそれだからといって、つまり、日本が朝鮮や中国にたいして、明治以来何をしてきたかを知らぬからといって、日本が今アメリカ帝国主義から何をされているか、それのわからぬのが当りまえだということには決してなるまい」

中野は先ほどの「いいことだ」で、「あることが問題であるということを知ったからには、もっと知らないといけない、想像力を働かせなければいけない」と述べたことを紹介しましたが、ここには安保条約がどういうものであり、その問題性というのを知ったからにはちゃんと追求しなければいけないという姿勢が非常に出ていると思います。

＊歪められた自己意識とプロレタリア文学の実像

中野はこの後、日韓議定書と、その前年に締結された第一次日韓協約の全文を紹介しています。それと、戦前戦中の教科書、初等学校の「国史」とか、敗戦後の教科書、「くにのあゆみ」の歴史記述と照らし合わせることで、日本人の自己意識がどのように歪められているかということを暴き出しました。

「『欧米白人の圧迫からアジア諸民族を解放する』と言いながら、実地には、『欧米白人とともにアジア諸民族を抑圧・搾取してきた』のが自分たち日本人の過去の実像である」

ここで非常に注目すべきことは、中野が深く関わったプロレタリア文学運動も、その例外ではなかったのではないのかという指摘です。

通常、プロレタリア文学運動は天皇制権力に対する抵抗の文学の系譜で語られます。中野も一九四〇年代後半ぐらいまでは、そのように考えていました。要するにブルジョア文学とは違う、自分たちは民衆とともにある文学であるという認識です。

しかし中野は一九五〇年前後にその認識を大きく変えることになります。つまり、プロレタリア文学は国家権力、天皇制権力に弾圧されたと言っても、朝鮮や中国などに対する植民地支配を止められなかったし、植民地支配から何らかの恩恵を受けたという点では、抵抗というものも限界があったのではないのか、という考えに移動します。

それが、中野が「被圧迫民族の文学」で最後に書いているところです。

「明治以後の日本の文学者も、それぞれの暗黒のなかで壁に鼻をぶつけてきた。しかし彼らは、大体から言って、自国帝国主義の国内人民にたいする攻撃からくるおこぼれの範囲内で、特に自国帝国主義の国外侵略からくるおこぼれの範囲内で鼻をぶつけてきた。この攻撃と侵略とそのもののつくりなす暗黒には必ずしも鼻をぶつけてこなかったのである。それだから、大体から言って、被圧迫民族の悲しみ、怒り、苦痛は、自国労役大衆のそれらとともに、彼ら自身の内面のものとなることができなかった。そこで彼ら独自のものが、同時に自国人民のものとなることができなかった」

このように反省しています。

そして、しかしいまや、日本の文学というのは、被圧迫民族の文学になる、なりうるという条件が現実に整いつつあるという趣旨の言葉を述べ、最後は希望を込めて、これからの展望を述べて終わる。これが「被圧迫民族の文学」です。

＊加害責任と日本の近現代文学

このように、「被圧迫民族の文学」を読んでいくと、中野は、日本の近現代文学が総体として植民地支配の産物であるということ、従って日本人の文学者が総体としてはアジア諸国・諸民族に対して加害責任を有するということを、明白かつ率直に認めたと捉えていいと思います。日本人は植民地支配に対して今なお心の底から加害意識を持てずにいる。その要因を、明治以来の日本近現代文学の総体を「圧迫民族の文学」と捉える観点から追求し、これからの日本文学がただしく「被圧迫民族の文学」へと生まれ変わる道筋を模索し、提示しようと試みたものだというふうに考えられると思います。

このように敗戦後の一〇年間で中野の認識は、日本文学には体制側の文学と、抵抗・反体制側の文学の二つがあるという考え方から、植民地諸国・諸民族に対しては、そこまで言うほどの大差はなかったではないのかという考え方へと根本的に変わります。

▼共産主義運動が植民地支配から受けた恩恵

この新たな認識を出発点に、中野は一九五〇年代後半、自分を含めたプロレタリア文学運動あるいは共産主義運動というものが、日本の植民地支配からどういう恩恵を受けてきたのか問い始めるようになります。

＊小説「梨の花」

まず、自身が植民地支配から受けた恩恵について、中野はどういうふうに問い直したのでしょうか。それを窺わせるものが、「梨の花」という小説です。これは一九五七年から五八年にかけて連載されたもので、日露戦争前後から韓国併合後までの時代を背景に、中野自身の幼少年期を素材にした長編小説です。

主人公の良平が小学校一年生から中学校に上がったぐらいまでの時期の話ですけど、これまでの研究では、良平のものの感じ方や考え方を通じて、文学作品に表れた中野の独特な感受性とか美意識、郷土への愛着の根源にあるものを読み解くための重要な手がかりと見なされてきました。しかし、その中で見過ごされてきた点が一つあります。それは「被圧迫民族の文学」を、この小説の前に書いていたということです。

先ほど述べたように「被圧迫民族の文学」を書いた後、中野は自分自身が植民地支配からどのような恩恵を受けたのか遡行して考え始めました。「梨の花」という小説は、このような文脈においても読みうるのではないかと私自身は考えます。

「梨の花」は非常に長い小説ですが、全編にわたって朝鮮の話題が出てくるわけではなく、前半部に集中しています。後半部はほとんど出てきません。

その中で、主人公の良平の周りにいた家族や村の人たちはどういうふうに考えていたのか、あるいは良平自身はどういうふうに朝鮮と関わっていたのかということを、小説を引用しながら見ていきたいと思います。

まずは日韓合併のときのこと。朝鮮で働いていた父親が、おばあさんが亡くなったのでお葬式のために戻ってきた。そのときにいろんな話を村の人が聞く。それを良平が寝ながら耳にするという場面です。

日韓合併は、表向き天皇陛下と朝鮮の王様とで相談して決めたと言われていました。

しかし、

「なにせあのときは、さすがの李王もどうしても判をつかんと言いだしたんじゃそうな。つくといっていたのを、いよいよとなってつかぬと言いだしたらしいんじゃね。それで戸をしめきって、長谷川大将が軍刀を抜いて立ったたんだそうだ。そうやっておいて、伊藤さんがそばへ寄って、王さまの手に判を持たして、伊藤さんがそれを持って捺《お》したというんだからね。ひどい話はひどい話なんだ」

こういう話を聞いて、良平は朝鮮の王さまが気の毒になると思います。これは朝鮮の王様に対する同情心とか共感といったものですが、では無理やり判をつかされた朝鮮の王さまがいたところで、自分の父親はいったいどういうふうに働いているのか、それをどう考えていたかというのが次の二つの引用です。

「京城は町だからちがうかも知れぬが、おとっつあんは「出張」といって、あっちこっち田舎をまわるらしい。学校の先生が金すじのはいった服を着るという話があったが、想像の風景のなかでは、金すじにサーベルを吊った先生もおとっつあんもいっそうあぶなっかしく見えてくる。押込みがはいってきても、おとっつあんは張りたおすじゃろか…」

そして、父親は何で朝鮮まで行って働いているのかということが語られます。

「「それや……」と中村の年寄りおじさんがいう、「子供を教育してやりたいというのは、あれの元からの念じゃったんですさかい、二本田のおじさん〔良平の祖父〕も、それだけや叶《かな》えさしてやってほしいんですわの」」

こういうふうに、主人公の良平は、一方では韓国併合に強制的に同意させられた朝鮮の王さまに対して、気の毒だと思う感覚を持っています。その一方、良平は、自分と兄の大吉の二人に教育を受けさせるために朝鮮のあっちこっちの田舎を回っているらしい父親を、気が荒くて乱暴な朝鮮人が暮らす朝鮮に一人でいて間違いはないじゃろうかと心配するわけです。当時小学生だった良平には、この二つの出来事がどういうふうに関連するかを深く理解することは、もしかすると難しかったかもしれません。しかし、現実に中野重治自身は、父親の稼ぎで東京帝国大学まで行けたわけです。

中野自身、ある時期に自分が高等教育を受けられる環境とか文学活動というのが、朝鮮人からの搾取の上に成り立っているということを自覚したことは疑いありません。この苦い自覚が刻み込まれたのが「梨の花」という小説ではないかと考えます。

＊日本社会における〈朝鮮〉の欠落

この後も中野は自分が生まれ育った時期の朝鮮問題について考えを深めていきます。時間の都合で今回は詳しく述べませんが、例えば安保闘争に批判的な左翼的な人々の意見の根底に、日清戦争直後に起こった閔妃殺害事件に参画した歌人・与謝野鉄幹の、朝鮮への関心と同質のナショナリズムを認めて、持続的に問題化していくということがありました。

このようにして中野は、自分自身が植民地朝鮮からどういう恩恵を受けたのかを問うていくわけです。その苦い自覚、再認識が日本の共産主義運動、プロレタリア文学運動における民族的連帯の歴史にも、強制的な搾取を自発的な提供と取り違える錯誤があったこと、現在も錯誤し続けている状況への再認識に繋がっているという点に注目したいと思います。

それが非常によく表れているのが、朝鮮人あるいは在日朝鮮人の日本語能力に依存して、朝鮮語を学ぼうとしない日本人の態度に対する危機意識です。

「被圧迫民族」が発表された翌一九五五年、朝鮮総連が結成され、それと同時に共産党内の在日朝鮮人党員が一斉に党籍を離脱するという出来事が起こります。二〇年以上にもわたった日本の共産主義運動、プロレタリア文学運動における民族的連帯が、いったんここで大きな区切りを迎えるわけです。

日本の共産主義運動では、天皇制打倒が常に第一義に掲げられました。そして、民族闘争よりも階級闘争を最優先するように、朝鮮人あるいは在日朝鮮人の党員に要求する。さらに、一九五〇年代前半には、在日朝鮮人を少数民族と規定するといったことがありました。

このような共産党の方針は、階級闘争には還元できない民族闘争に固有の問題性があることに対する認識の欠落、あるいは朝鮮人に対する日本人の優越意識の表出というふうにみなされています。

この優越意識がはっきりと表れている一つが、朝鮮語に対する日本人の無関心です。

▼朝鮮語に対する日本人の無関心

中野は「被圧迫民族の文学」を発表してまもなく、日本社会における朝鮮語の位置を問題視し始めます。その際、中国語の位置付けと比較して捉えたところに、私は中野の慧眼があると思います。

＊中国語の位置付けとの比較

最初に中野が朝鮮語の位置付けに触れたのは、「被圧迫民族の文学」を発表してから三ヵ月後の一九五四年七月です。『解放新聞』という朝鮮語の新聞の、朝鮮戦争停戦一周年記念特集号に掲載された、金達寿（キム・ダルス）との対談「勝利した朝鮮、平和のための文学」の中で中野はこう述べています。

「日本人の中には英語、ロシア語、フランス語、スペイン語がわかる人は多いし、中国語がわかる人も増えていますが、朝鮮語がわかる人は非常に少ない。フランス語で電話を掛けると、大抵の日本人は、「あの人は立派だ。フランス語で電話を掛けていた」と言うのに、朝鮮語で電話を掛けると違う。つまり植民地帝国主義者としての歴史的意識が、被圧迫者、植民地隷属民族になってもそのまま残っている。この点、「言葉」の問題も重要です」

その後、一九五九年一一月、いわゆる帰国事業の第一陣が出る一ヵ月前に、あらためて中野は「自分に即して」というエッセイの中で次のように述べます。

「しかし私は朝鮮のことにふれたい。簡単にいえば、日本では、それも主として新日本文学会にたよって、朝鮮文学の紹介は金達寿や許南麒（ホ・ナムギ）にたよっていたという傾きがある。むろんそれはそれでいい。しかし日本では、フランス文学を日本に近づけるには日本人フランス文学研究者がはたらいた。ドイツ文学でもロシヤ＝ソヴェト文学でもそうだった。中国文学でもむろんそうだった。日本人の学者が、中国語をおぼえ、中国を勉強し、中国文学を日本に紹介する。すべてこういうふうにしてやってきた。ところが、朝鮮文学についていえば、日本人文学者（語学者や研究者をふくめていい。）でせっせと朝鮮文学を日本に紹介している人というのが、全くないか、あっても数えるほどにはない。日本人自身、朝鮮語をおぼえて、自分の日本人としての立場から朝鮮文学をながめ、両国現在の関係の正しい認識に立って、みずからえらんで紹介するべきものを紹介するという事実がない」

このように、日本は中国も朝鮮も植民地にして支配したと言っても、朝鮮語と中国語に対する日本社会の位置づけは同じではなかったのです。

それがそのまま中国と朝鮮、あるいは総称としての中国人と朝鮮人に対する意識の差となって現れることは言うまでもありません。

＊朝鮮語を解さぬ朝鮮専門家

実際、日本人の中には日本語と朝鮮語が異なる言語であることを知らなかったり、あるいは一九七〇年代になっても朝鮮語を全く解せないのに、日本社会で朝鮮の専門家として通用していたという証言があります。まず、「まず言葉から」（一九七七年）という座談会での金達寿の発言を見ましょう。金達寿は一九四八年に朝鮮人学校が各地で閉鎖されるという出来事が起こって、住んでいた横須賀でも閉鎖されるというので抗議しに行きます。そうすると、市会の文教委員（議員）がこう言うんです。「あんな小屋みたいなところよりも日本の学校へ入れたほうが施設もいいじゃないか。どうしてそう朝鮮人学校に固執するんだ」と。話が通じないので、いろいろ聞いてみると、この人は「朝鮮語と日本語は違うということを知らなかったということがわかった」と述べています。

それから、重村智計が一九七八年に書いた「複眼的朝鮮認識のすすめ」という文章の中にもう一つの問題があります。

「朝鮮問題評論家、研究家、ジャーナリストなどの肩書で、雑誌に書き、本まで出す日本人の先生方の多くが朝鮮語の会話はもとより、文献さえ読めないのが日本の実情なのです。

　新聞、テレビなどのマスコミも、これまではこの例外ではありませんでした。各社がソウルに送り出す特派員のうち、朝鮮語（韓国語）で庶民や学生に直接取材し、韓国の新聞、雑誌を自由に読みこなすほどに韓国語を駆使できる特派員は皆無でした。（中略）〝朝鮮屋〟の朝鮮語知らず――これが日本人の朝鮮問題の水準だったのです。「論語読みの論語知らず」ならまだしも、朝鮮語の原文にも当れず、日本語に翻訳された資料にのみ頼るという水準にしかなかったのです」


このように、日本人は朝鮮語に対して関心を向けず、学ぶ人もほとんどいなかった。それで堂々と専門家として通用していたのでした。

＊（在日）朝鮮人の日本語能力への甘え

なぜこんなことが堂々と通用したのでしょうか。日本人が朝鮮語を覚えなくて済むような環境があったと中野は考えます。それは、端的に言えば朝鮮人・在日朝鮮人の堪能な日本語能力です。

中野は「緊急順不同　民族問題軽視の傾き」（一九七三年）の中でこう書いています。

「いったいわれわれは、といって差しつかえれば私はと書くが、私は朝鮮語を全く知らず、しかし朝鮮人と話するのに格別不自由を感じないできた。私の話を聞いてくれる朝鮮人が、ある種の日本人以上に日本語に通じていて、私はただただ日本語でしゃべっていればそれですむという事情に私は慣れっこになっていた」

ここから窺えるように、在日朝鮮人の日本語能力が植民地支配の負の遺産であるという認識がある時期の中野に生じた、ということが言えると思います。

したがって、敗戦後も日本の共産主義運動における民族的連帯が、日本語だけで行われるのであれば、それは植民地支配の負の遺産を利用することと違いがないじゃないかと中野はここで考えたわけです。さらには、負の遺産をそのまま利用させてくれている在日朝鮮人に甘えているのではないかとも反省するわけです。

この〈甘え〉と向き合って自己批判し訣別すべき必要性を訴えたものとして注目されるものが、一九六二年に朝鮮問題研究所で中野が行った報告です。

「戦後のことからいいますと、日本の労働組合・民主的諸政党・民主的諸団体、その人たちが、在日朝鮮人のエネルギーを――言葉は適当でないかもしれないが――不当に高く評価してきてはいないか」

「どこが不当かというと、在日朝鮮人が一〇〇の力を持っているのに一五〇に評価したという意味じゃなくて、日本人の側は一五〇も一六〇も自分の力を出さなきゃならないのに、そうしないで、自分のポテンシャルな力は一〇〇か七〇に止めておき、そして残りの三〇を加えた一三〇を在日朝鮮人に期待したという意味です。朝鮮人は日本の支配権力に対して時にはデスペレートな反抗心をもっている、それを利用しようという程腹黒いものだったとは信じないけれども、それにもたれかかるという点が確かに日本人側にあったのじゃなかろうかと思います」

この発言に今日のテーマである、「民族的連帯から見るインターナショナリズム」の核心的な部分が表れているのではないかと思います。

日本の共産主義運動は宗主国の言葉としての日本語でしかなされなかった。ここに日本の共産主義運動、プロレタリア文学運動がインターナショナルな運動となり得なかった大きな要因があると考えます。

＊金達寿との交流がもたらしたもの

もう一つ、中野が朝鮮認識を深めていく中で、非常に重要なのが（在日）朝鮮人との交流です。中野は朝鮮を訪れたこともありませんし、朝鮮語を解すこともできませんでした。そのような中野が朝鮮について考える上で、朝鮮人や在日朝鮮人との交流から得たものが、少なかったはずはありません。しかし中野と朝鮮人との付き合いの実態は断片的にしかわかりません。

その中で唯一、詳細にわかるのが、私が研究した金達寿です。金達寿は、一九四七年六月頃、『民主朝鮮』という雑誌の座談会で中野と初めて会います。その後、五〇年頃には中野宅に頻繁に出入りするほど親しくなり、やがて「人生の師」と仰ぐまでになります。

他方、中野の側も「被圧迫民族の文学」で『玄海灘』のあとがきを引用したのをはじめ、評論やエッセイなどで何度も金達寿に言及して高く評価します。最晩年に、ある読者からソウルを「京城」と書くのはいかがなものかと問われたのに対して、相談した相手も金達寿でした。「返事、御礼、間にあわせ」（一九七九年六月稿）というエッセイですが、これは中野の絶筆です。

中野は父親が植民地支配に加担した、いわば植民地支配の加害者の息子です。他方、金達寿は土地調査事業の中で没落し、一家離散して、父親と次兄が相次いで病死し、自分も〈内地〉に渡って来ざるを得なくなった。ほとんど学校教育も受けられず、小学校中退、日本大学専門部卒という学歴の人です。まさに土地調査事業の加害者の息子と被害者という関係でしたが、それを超えて、中野と金達寿は非常に親密に交流しました。

それが三〇年間に渡ったことは非常に大きいのではないかと私は考えます。

このような金達寿との交友関係が中野の文学活動にもたらしたものとして、朝鮮人の転向に言及した中野の唯一の小説「模型境界標」（一九六一年）がありますが、これは時間の関係で省略します。

こうして中野は一九五〇年代前半ぐらいから朝鮮問題について、あらためて問い直すようになりました。それを契機にして、自分や共産主義運動、プロレタリア文学運動が植民地支配から受けた恩恵をずっと問いただしていったわけです。

そういった上で、もう一度中野が全面的に朝鮮問題を問い直したのが一九七〇年代です。

▼朝鮮問題に改めて向き合った一九七〇年代

＊加害の罪悪感なき精神構造

中野は一九七〇年二月に発表した「在日朝鮮人と全国水平社の人びと」というエッセイの中でこう書いています。

「私は〔関東大震災時の朝鮮人虐殺を例に出して〕何が言いたいのだろうか。日本人が日本人を、誤って朝鮮人と見立てて殺してしまっても、それどころか、うすうす日本人とわかっていても、無理にも朝鮮人と見立ててしまって殺せば、見立てられたその「朝鮮人ということ」に罪が着せられて、殺人の罪から、そもそもその罪悪感から、ほとんど完全にまぬかれるという精神構造にひろく日本人が育てられてきたという事実だった」

このようにして中野は、関東大震災のときに朝鮮人を殺したのに日本人が罪の意識を感じなかった根底には、朝鮮人であることに罪があったと考えることで罪の意識を免れさせる構造があるのではないかと考えて問題視しました。

そのようなことを考えさせるきっかけになったのが浅間山荘事件（一九七二年二月）だと私は考えます。

中野は、事件そのものに対しては非常に冷淡でした。一九五〇年代の共産党の極左冒険主義から次の世代が何も学ばなかった、共産党が何も伝えようとしなかった結果だというぐらいで終わっています。

中野が衝撃を受けたのはむしろその後です。浅間山荘事件のメンバーはもちろん、果てはメンバーの一人の父親が自殺に追い込まれても、日本人の誰も責任や罪の意識を持たなかった。日本的な言い方で言えば「世間の暴力」に、社会的・肉体的に殺されたのです。中野はここに、関東大震災で朝鮮人を虐殺して罪の意識を感じなかったのと同じ精神構造が残っているのではないかと考えます。

＊「雨の降る品川駅」への自己批判

このような中で行われたのが、「雨の降る品川駅」の自己批判です。中野は一九七五年と七七年に自己批判の文章を発表しています。

一つ目は「日本プロレタリアートの前だて後《うしろ》だて」、のちのヴァージョンでは「うしろ盾まえ盾」になっていますが、この有名な詩句についてです。中野はこう述べています。

「最後の節に、「日本プロレタリアートのうしろ盾まえ盾」という行がありますが、ここは「猫背」とはちがうものの、民族エゴイズムのしっぽのようなものを引きずっている感じがぬぐい切れません」

二つ目の、一九七七年の自己批判ではこういうふうに述べています。

「仮りに天皇暗殺の類《たぐい》のことが考えられるとして、なぜ詩のうえで日本人本人にそれを考えさせなかったか。なぜそれを、国を奪われたほうの朝鮮人の肩に移そうとしたか。そこに私という国を奪った側の日本人がいたということだった」

ここで私が注目したいのは、一つ目の自己批判がどこに掲載されたかということです。

これは『季刊三千里』という雑誌の二号に出されました。この雑誌は金達寿や姜在彦（カン・ジェオン)、李進熙(イ・ジンヒ)といった人たちが中心になって創刊されました。

中野がこの雑誌がどういう雑誌か知らなくて、原稿を渡したとは到底考えられません。またこの自己批判が朝鮮人/韓国人、あるいは広くコリア社会の人々に読まれることを意識しなかったとは考えられません。

このようなところに、中野が最初の自己批判を出したということは、非常に考えるべき意味があるのではないかと思います。

*民族的連帯の未来像

これに関連して、私がもう一つ考えたいのは、「雨の降る品川駅」は、中野の自己批判にもあるように、民族エゴイズムの尻尾のようなものがどうしても抜けなかった詩だという通説です。最後まで抜けなかった詩だという批判が度々繰り返されています。

私は今のところそれを否定できる反論みたいなものが特にあるわけではありません。ただ考えなければいけないのは、「雨の降る品川駅」は民族的連帯をうたった詩《うた》だと評価されてきた事実です。そうであるなら、やっぱり重要なことは、現実に中野が、朝鮮人あるいは在日朝鮮人といい関係を築けたのか、ということです。どんなにいい詩が書けたとしても、現実に中野自身が朝鮮人と全くいい関係が築けなかったり、敵対的な関係になっていたとしたら、この詩は民族的連帯をうたった詩と読めるかどうかです。

そう考えると、「雨の降る品川駅」に込めた民族的連帯の理念というものを、中野自身が現実社会の中でどれぐらい達成できたのかということも、私は非常に重要な論点ではないかと思います。

そのような観点から考えると、中野と金達寿の関係の中に一つの民族的連帯、中野が考えうる未来像みたいなものの一つが現れているのではないかと考えます。

これはもちろん何か論証できるものではなくて、私自身の推測とか希望とかといったものですが、それを抜きにしても、中野の七〇年代の自己批判を、特に金達寿との交友関係を抜きにして論じることには大きな問題があるのではないのかと感じます。

＊朝鮮認識の到達点と可能性

中野は敗戦後、三〇年にわたって朝鮮認識を深めていきました。その到達点はどこにあったのか、そしてその今日的な可能性というのはどこにあるのか、ということを最後に簡単に述べたいと思います。

このような持続的な朝鮮問題の取り組みの中で、かなり深いところまで認識を深めていたということが、中野の文章を読んでいくとわかってきます。ただ、中野自身は最後まで、それまでの共産主義運動、プロレタリア文学運動における民族的連帯を超えるような新たな連帯の未来像を出さずに終わりました。

ただし私自身は、未来像を出せなかったのだ、とまで言い切っていいのか疑問です。むしろ、暫定的なものであるという留保さえつければ、提示できてもおかしくない、そういうところまで中野の認識は達していたのではないかと思います。

それを、僭越ですが中野に代わって私が推測するならこう言えると思います。日本帝国主義の負の遺産を利用してきたこれまでの不平等な民族的連帯、そういったものを超える新たな連帯の端緒というのは、日本人が自発的に「被圧迫民族」の位置に登っていくこと、言い換えれば「圧迫民族」への権力意志を、自発的に断念することにある。ここから始まる――これが、中野の朝鮮認識の一つの到達点ではないかと思います。

この点で、中野の晩年の自己批判には、単なる贖罪意識にとどまらない、積極的な連帯の未来像が含まれているのではないかと思います。

今日《こんにち》に生きている日本人が、この連帯の未来像をどういうふうに実現していくか。それは中野から学んだ者が、中野が訴えた「芸術家の義務的大前提」をどれぐらい誠実に履行していけるか、持続的に取り組んでいけるかにかかっているのではないでしょうか。

以上で終わらせていただきます。ありがとうございました。

〔質疑応答〕

（Q）中野さんの被圧迫民族と圧迫民族という言葉の意味が私にはいまいちわからないんですが…。中野さんがおっしゃる被圧迫民族としての日本人は理解しても、圧迫民族とはどこの民族であり、どこの国をいうのか。中野さんはどういうふうに圧迫民族をご自身で定められていたのかお教えください。

（A）非常に大雑把なところとしては、植民地支配をしていたときの日本は圧迫民族です。それが敗戦とともに今度はＧＨＱの占領下に置かれ、日米安保条約によって保護国化しました。それを被圧迫民族というふうに見なしたと言えると思います。

ただここは中野の研究者などとも議論になるところでして、中野は敗戦後の日本民族というのが、もう既に事実として被圧迫民族になっているというふうに見なしたのか、それとも比喩的な表現なのか、あるいは被圧迫民族になり得る条件が整ったと見ているのか、この「被圧迫民族の文学」の中では曖昧で、ちょっと難しいところではあると思います。

ただ、プロレタリア文学者は「被圧迫民族の文学」の側に立ち続けたと思っていたけれど、実は、植民地諸国・諸民族に対しては、プロレタリア文学者も圧迫民族の側にいたという認識のもとに立ったことが、非常に私は大きいことだと思います。

（司会）廣瀬さんどうもありがとうございました。

（日韓記者・市民セミナー　第三三回　二〇二二年七月九日）

雨の降る品川駅

中野重治

辛よ　さようなら
金よ　さようなら
君らは雨の降る品川駅から乗車する

李よ　さようなら
も一人の李よ　さようなら
君らは君らの父母の国にかえる

君らの国の河はさむい冬に凍る
君らの叛逆する心はわかれの一瞬に凍る

海は夕ぐれのなかに海鳴りの声をたかめる
鳩は雨にぬれて車庫の屋根からまいおりる

君らは雨にぬれて君らを逐《お》う日本天皇をおもい出す
君らは雨にぬれて　髭　眼鏡　猫脊の彼をおもい出す

ふりしぶく雨のなかに緑のシグナルはあがる
ふりしぶく雨のなかに君らの瞳はとがる

雨は敷石にそそぎ暗い海面におちかかる
雨は君らの熱い頬にきえる

君らのくろい影は改札口をよぎる
君らの白いモスソは歩廊の闇にひるがえる

シグナルは色をかえる
君らは乗りこむ

君らは出発する
君らは去る

さようなら　辛
さようなら　金
さようなら　李
さようなら　女の李

行ってあのかたい　厚い　なめらかな氷をたたきわれ
ながく堰かれていた水をしてほとばしらしめよ
日本プロレタリアートの後だて前だて
さようなら
報復の歓喜に泣きわらう日まで

第Ⅱ講　キムはなぜ裁かれたのか
――ＢＣ級戦争裁判

内海　愛子――――「同進会」を応援する会代表

朝鮮人ＢＣ級戦犯というテーマで話す機会をいただき感謝します。何を今さらと思われる方も多いと思いますが、問題がいまだ解決していない現状をお話ししたいと思います。なお、「キムはなぜ裁かれたのか」の「キム」は、朝鮮人・韓国人戦犯を象徴する意味で使っています。

（1）戦争裁判と植民地支配

最初に、戦争裁判と植民地支配について簡単に説明します。

「戦争犯罪人」という言葉から東條英機、岸信介の名前を思い浮かべる方も多いと思います。岸信介は戦犯ではありません。戦犯容疑者で拘留されていましたが東條英機らＡ級戦犯七人が処刑された翌日（一九四八年一二月二四日）釈放されています。

東條や岸の名前を思い浮かべても、ＢＣ級戦犯の中に朝鮮人・台湾人がいたことはほとんど知られていません。「私は貝になりたい」（一九五八年一〇月三一日制作、その後リメイク　ＴＢＳ）をご覧になった方も多いと思います。演出した岡本愛彦（よしひこ）さんは、同じスガモに朝鮮人戦犯がいたことを知らなかったそうです。それを知った岡本さんは、その後に「ある告発・二十四年目のＢＣ級戦犯」をつくっています。朝鮮人戦犯の問題を真正面から取り上げた番組です。私がこの問題を知ったのも偶然、番組の後半を観たからです。岡本愛彦さんはお亡くなりになるまで、「韓国・朝鮮人元ＢＣ級戦犯者同進会」の人たちをサポートされていました。

木下順二さんは「神と人のあいだ」（『木下順二戯曲選 Ⅲ』に収録　岩波文庫　一九八二年）「夏・南方のローマンス――神と人のあいだ　第二部」（一九八七年宇野重吉演出　劇団民芸初演）など、東京裁判とＢＣ級を扱った戯曲を書いています。生涯をかけて戦争責任の問題を追及していた木下順二さんも、朝鮮人ＢＣ級戦犯の存在を知らなかったと、その後、朝鮮人ＢＣ級戦犯の人たちを応援する会に加わってくださいました。金時鐘（キム・シジョン）さんも彼らの問題を自らの問題として考え、問う中で、「会」に参加してくれました。鶴見俊輔さんも家永三郎さんもこの問題を初めて知ったと、著書で取り上げていました。このように戦後の代表的な知識人・文化人も、戦争責任を論じながら、「植民地支配」の具体的な存在としてのかれらが見えなかったといいます。

鶴見さんたちより二〇年近く遅れてきた世代の私も平和や民主主義は学んでも、「植民地支配」が見えていなかった。単語としては知っていてもその実態を理解していなかったのです。なぜ、戦後の「平和と民主主義」の大きな流れの中で、植民地支配とその清算が置き去りにされたのか。人びとに見えなかったのか。

＊植民地支配を取り上げなかった東京裁判

最初に植民地支配を取り上げたのは、連合国による戦争裁判です。

敗戦直後から連合国は日本の戦争犯罪の追及に乗り出しました。米・英・豪・蘭・仏・中・ソ・印・比・カナダ・ニュージーランドの一一か国による極東国際軍事裁判（いわゆる東京裁判）が一九四六年五月三日、東京の市谷台で開廷しています。東條ら二八人が起訴されています。一九二八年以降の日本の戦争犯罪（通例の戦争犯罪）と「平和に対する罪」による起訴項目は五五項目ありました。だが、台湾、朝鮮の植民地支配に関連した起訴項目はありません。

被告中には朝鮮総督が二人いました。南次郎と小磯國昭です。朝鮮軍司令官板垣征四郎も被告席に座っていますが、彼らの訴因に朝鮮支配に関連した項目はありません。東京裁判は朝鮮・台湾植民地を問題にしなかったのです。

一方、「通例の戦争犯罪」を裁いたいわゆるBC級戦争裁判では、朝鮮人台湾人を「日本国民」として裁いています。裁判国（米・英・豪・蘭・仏・中華民国、比）のうち、アメリカ、イギリス、オーストラリア、オランダ、中国が朝鮮人を「日本国民」として裁いています。（この他、中華人民共和国、ソ連も裁判を行っています）

〔表1〕**BC 級戦犯裁判**

裁判件数　2244 件
起訴人員　5700 人
内無罪　1018 人 (日本人・朝鮮人・台湾人を含む)
その他　279 人 (獄中死台湾人 5 人をふくむ)

有罪者数 4403 人　朝鮮人 148 人
台湾人 168+5 人 (獄中死) をふくめて 173 人
旧植民地出身者 321 人が戦犯

有罪者の 7.29% が旧植民中出身者。大部分が捕虜収容所の監視員。
朝鮮人の場合 148 人のうち 129 人が監視員。1 人は比島像虜収容所長
すなわち 朝鮮人戦犯の 130 人 (78%) が捕虜関係。

日本の侵略戦争を裁いた連合国の戦争裁判は、植民地支配を問題としなかっただけでなく、戦争に動員された朝鮮人・台湾人も天皇に忠誠を誓った「日本人」として裁いたのです。

＊ＢＣ級戦犯裁判

ＢＣ級戦犯裁判に限定してお話しします。戦犯裁判は全部で二二四四件、起訴された人は五七〇〇人です。有罪判決、死刑判決の数は資料を見てください。朝鮮人一四八人、台湾人一六八人＋獄中死五人の一七三人がいます（〔表1〕ＢＣ級戦犯裁判）。ＢＣ級戦犯の七・二九％が旧植民地出身者でした。この比率は憲兵隊と同じです。もちろん、憲兵は総数が多いので人数は憲兵隊員が多い。しかし、ほぼ同じ

比率で戦犯を出しています。かれらは捕虜収容所に勤務した軍属です。

このように日本の植民地支配は、極東国際軍事裁判ではとりあげられなかったどころか、ＢＣ級裁判では「日本人」として裁かれたのです。その「判決」を、日本はサンフランシスコ平和条約で受け入れていきます（第一一条）。

（2）サンフランシスコ平和条約　冷戦の中の講和

サンフランシスコ平和条約の講和会議に大韓民国、朝鮮民主主義人民共和国は招聘されていません。インドネシアやフィリピンやビルマ、セイロンなど、戦後、独立した国が参加しているのに、なぜ、大韓民国を参加させないのか。李承晩大統領が懸命にアメリカに働きかけた記録が残っています。アメリカにも、大韓民国を招聘しようとの意向がありました。それに強硬に反対したのが日本、吉田茂首相です。「あいつらはアカだ。できるなら、みんな日本からたたき出したい」。このような趣旨のことを交渉の過程で言っています。これは外務省条約局法規課『平和条約の締結に関する調書』に記録されています。極秘扱いでしたが、いまは公開されています。

結果として、アメリカも大韓民国に向かって、「あなたたちは連合国として待遇される地位にあるけれども、残念ながら招待できない」と、大韓民国の出席は拒否されました。代わりに、梁（ヤン）大使らに二席の傍聴席が与えられました。これが韓国に対する処遇でした。どんなに悔しかったか、その心情は察するにあまりあります。朝鮮民主主義人民共和国も中国――中華人民共和国、中華民国も招聘されていません。日本の植民地支配の清算を欠いた講和――これがサンフランシスコ平和条約です。

＊東アジアの冷戦そして朝鮮戦争

なぜこのような講和条約になったのか。一つは東アジアにおける冷戦構造です。直接には朝鮮戦争でした。平和条約は安保条約が優先された条約でした。中公文庫に西村熊雄元条約局長が書いた『シリーズ戦後史の証言　占領と講和7　サンフランシスコ平和条約　日米安保条約』（一九九九年）という本があります。調印式に出席した彼がサンフランシスコから戻ってきた時、ある外務省の高級官僚から「君、安保が先なのか講和が先なのか」と尋ねられ、「講和条約が先だ」と言っところ「ああ、よかった」と――。「その慧眼に本当に敬服する」と書いています。

要するに、サンフランシスコ平和条約は日米安保条約と一体の条約というより、安保条約があって平和条約が結ばれた――これが今日まで続くサンフランシスコ講和体制です。

（3）戦争裁判（判決）を承認したサ条約

こうして、占領期の戦争裁判とサンフランシスコ講和体制の中で、少なくとも戦後民主主義教育を受けたはずの私たちの世代も、植民地支配の問題が無自覚化されていきました。

このサ条約一一条には、日本が戦争裁判の判決を受け入れることが書かれています。「センテンスをアクセプト（認める）した」という文章になっており、産経新聞の論説委員が「判決を受け入れただけで戦争裁判を認めたわけではない」という趣旨の論説を書いていましたが、それに対して鶴見俊輔さんが「裁判があるからセンテンス（判決）がある」「これは裁判を受け入れたことだ」と書いていました。そのような議論が交わされていましたが、いずれにしても、日本は主権を回復するにあたって、条約で戦争裁判の判決を受け入れ、「日本国民」の刑を日本政府が執行することになったのです。

同時に、民事局長通達で、五二年四月二八日をもって朝鮮人台湾人の日本国籍がはく奪されたことはご存じの通りです。交渉過程でアメリカは国籍選択権を認めるようにと発言していますが、日本側は「絶対」に認めない。一律に国籍を剥奪して、日本国籍を取りたければ「帰化させる」という。帰化であれば日本がセレクトできるので、「望ましくない朝鮮人」を排除できる――こういう発想です。この文言も交渉過程の「調書」の中にあります。

こうして韓国人・朝鮮人は日本国籍を剥奪され、巣鴨刑務所にいる戦犯も日本人ではなくなります。日本政府が刑の執行を続けるのは「日本国民」です。当然、彼らは釈放されると思いましたが、釈放されない。こうした処遇に怒った日本人弁護士が、彼らを支援して人身保護法による釈放請求裁判を起こしました。一九五二年六月。裁判は地裁、高裁の判断を仰がず、最高裁でいきなり判決が出ました。人身保護法はそれが可能なのです。罪を犯した時に日本人だから、刑の執行は続く——これが最高裁判決でした。裁判長は田中耕太郎です。

彼らは、釈放あるいは仮釈放になるまで巣鴨刑務所に拘留されました。そして、巣鴨を出された、その時から二週間以内に「外国人登録」を義務づけられました。朝鮮半島から徴用されて南方に連れて行かれ、戦犯として日本に送られた彼らには、日本国内に家族はいません。身寄りもない。「どこに行けばいいんだ」と抗議をしますが「とにかくいいから出ろ」と言われ、座り込みをして出所を拒否した人もいました。

このようにサンフランシスコ平和条約が発効すると、韓国人朝鮮人戦犯は日本国籍を剥奪されているにもかかわらず、刑の執行は続き、釈放されると「外国人登録」を義務づけられます。まだ、韓国とは国交も回復していません。何よりも仮釈放の場合は行動の制限があり、韓国へは帰れません。生きるための新たな闘いの始まりです。

＊国籍、戸籍による排除

四月二八日にサ条約が発効すると、三〇日には戦傷病者戦没者遺族等援護法が公布されます。これには国籍条項がありません。「ああ、よかった」と思ったら、戸籍条項がありました。内地戸籍を持っている者にしか援護法は適用しないというのです。

なぜ、国籍条項ではないのか。援護法は四月一日にさかのぼって適用されますが、四月一日から二八日までは韓国人朝鮮人は日本国籍をもつとみなされているので、国籍条項では排除できない。そこで戸籍条項でかれらを適用除外したのです。戸籍、国籍で日本政府は植民地出身者を、排除したり包摂したりして支配していきます。

ご存知のように、「内地」にいた朝鮮人成年男子は、選挙権・被選挙権を持っていました。四五年一二月、衆議院選挙法が改正されると彼らの選挙権・被選挙権が奪われます。この時の理由も戸籍です。あからさまに「排除する」とは書いていません。「戸籍法の適用を受けた者」に限ると書くのです。「内地」の戸籍に記載されている者に限ると「朝鮮戸籍」、「台湾戸籍」にある者――すなわち朝鮮人、台湾人を排除できる。しかもこの戸籍間の移動は、原則、できません。

日本での暮らしが長くなったし、墓もつくったから戸籍を内地に移したいという人は、当時もいました。ダメでした。唯一、認められるのは身分行為――すなわち婚姻とか養子縁組です。例えば朝鮮人女性が日本人男性との婚姻届けを出すと、彼女の戸籍は内地戸籍に移る。逆の場合は日本人女性の戸籍は朝鮮戸籍に移り、朝鮮人ということになります。朝鮮人とは朝鮮戸籍にある人、日本人は「内地戸籍」に記載されている人を意味します。

戸籍と国籍でこのようにきめ細かく統治をし、支配を貫徹していく――これが日本国家の政策です。

（4）「忘れられた皇軍」　排除された人々

＊日本の戦後処理　朝鮮人兵士・戦犯について

日本は植民地統治下の若者をまず志願兵として集め、その後、学徒兵、最後には徴兵令を施行しました。戦争が終わった後、どういう戦後処理をしたのか。今日のテーマである朝鮮人軍人軍属――戦犯になった朝鮮人に限定して話します。戦犯になった朝鮮人は一四八人、うち一二九人が捕虜収容所の監視員、軍属です。彼らが集められたのが一九四二年（昭和一七年）六月でした。

なぜか——日本帝国の支配を、朝鮮・台湾・中国から東南アジアまで——かつての「大東亜共栄圏」を視野に入れて考えていく必要があります。

＊侵攻が生み出した膨大な捕虜

一九四一年一二月八日の真珠湾攻撃は有名です。その直前にマレー半島コタバル上陸作戦がありました。上陸した日本軍が南下してシンガポールを陥落させたのが四二年（昭和一七年）二月です。そこで英印軍が降伏します。そして三月一日、ジャワ上陸作戦。ジャワはオランダが三〇〇年近く植民地にしていました。なぜ、東南アジアを攻めたのか——援蒋ルートの遮断、石油や鉱物資源の獲得です。

その時の日本の大義名分は欧米の植民地支配からアジアの人びとを解放する——「アジア解放の聖戦」です。東南アジアに軍隊を進めた日本軍が、欧米に代わって東南アジアを占領していきます。シンガポールが陥落したときに英印軍の兵士が大量に投降します。フィリピンでもインドネシアでも連合国軍兵士が投降しました。

イギリス軍、アメリカ軍、オランダ軍と言いますが、長い植民地支配の中で、欧米は植民地出身者を帝国の軍隊に編入しています。イギリス軍は英印軍で、兵士の数はインド兵の方が多い。

フィリピンで日本が戦ったのは米比軍――アメリカとフィリピン人の混成部隊です。ジャワで戦ったのは蘭印軍――オランダ人とインド・ブラダと呼ばれるオランダ人とインドネシア人のダブル、いわゆる混血の兵士です。日本が朝鮮人台湾人を志願兵や徴兵で軍隊に編入したように、欧米帝国の軍隊も植民地の人たちを編入した軍隊です。

アジア太平洋戦争はこれまでの中国への侵略に加えて、欧米帝国主義との植民地争奪戦争の様相を呈してきます。アジア住民を巻き込んで、東南アジアでの戦闘が展開していきます。

南方作戦が一段落した一九四二年三月、日本軍は三〇万人もの連合国軍兵士をかかえることになりました。予想もしていなかったこれら投降兵士に三食、食わせるのも大変です。どのように管理するのか。捕虜として扱う場合には、国際法に定められた細かい規則があります。

真珠湾攻撃直後、アメリカやイギリスなどは、ジュネーブの赤十字国際委員会を通じて、日本に捕虜の取り扱いに関する条約＝ジュネーブ条約を守るようにと問い合わせをしてきました。ジュネーブ条約については、一九二九年に日本は署名していましたが批准はしていなかったのです。条約に従ったら、自国の兵士より捕虜の方がよほど優遇されるといわれるほど、取り扱いについて細かく定められていました。陸海軍が批准に反対したので、批准しないままでした。

交戦国からの問い合わせに、陸海軍や陸軍省、海軍省などと検討を重ねたうえで、一九四二年二月、外務省は「準用します」と回答しています。どのようにも解釈できる言葉です。連合国は批准とみなしたのに、日本側は「その精神を守る」と言っただけと――このようなやり取りが戦争の間、繰り返されます。

一方、三〇万もの敵国兵士を食わせることはできないので、陸軍省は先の敵国軍の編成に着目して、捕虜にするのは白人兵士だけ、アジア人兵士は解放します。アメリカ人兵士は捕まえておくが、フィリピン人兵士は解放する。シンガポールでもインド兵は解放する。インドネシアでもオランダ人兵士だけを捕虜にします。

なお、注意しなければならないのは、一度、解放した上でまた捕まえる――要するに兵士から民間人という身分にして捕まえて使役する。その場合、「捕虜」ではないので、ジュネーブ条約に拘束されることなく自由に労働に使役できるというわけです。英印軍のインド兵の場合、一部、解放した兵士を捕まえて「インド人労務者」を編成し、使役しています。中国戦線でも同じようなトリックを使って中国人兵士を華人労務者として日本に連行しています。

いずれにしても「白人」兵士だけを捕虜にする方針です。それでも十数万人の帝国本国の白人兵士がいました。彼らを三食食わせて、ほっとくわけにいかない。労働に使います。条約上、軍事、軍需産業には使ってはいけないとなっていますが、何をもって「軍需産業」とするのかなど、ごまかして実際にはこれらの産業にも捕虜を使役しています。

日本国内にも連行されてきました。北海道から九州まで一三〇カ所以上に収容所を開設しています。朝鮮半島にも朝鮮俘虜収容所がつくられました。日本まで彼らを輸送する船舶の調達が難しいため、残りは東南アジア各地に収容所をつくってそこに収容しています。フィリピン、シンガポール、ジャワ、スマトラ、タイなど――。有名なのがタイとビルマの間の泰緬鉄道での捕虜の使役です。

＊捕虜監視員の軍属募集

朝鮮半島にも徴兵制を施行しようという時です。とにかく兵力が払底している中で、連合国の兵士の監視に日本兵を動員する余力はない。日本は、まだ徴兵制が敷かれていなかった朝鮮半島に目をつけました。捕虜監視員として軍属の募集をします。一九四二年（昭和一七年）の五月。あくまでも「志願」の形をとりますが、「志願」という名の強制があったことはもちろんです。

三二二三人が釜山の野口部隊に集められます。李鶴来（イ・ハンネ）さんは、いろんな事情があってこの募集に応じました。道路工事の監督のような仕事かと思い、監視している間に勉強もできると思ったといいます。ところが釜山に行ったら、初年兵に匹敵するような訓練だった。彼らにとって初めての体験です。刺突《しとつ》訓練もやるし、毎日殴られた。何が一番嫌だったかというと、並ばしてお互いに対向ビンタをやらされたことだったそうです。こういうことを毎日やらされたと彼らは異口同音に話しています。二ヵ月間の訓練のあと、一四〇〇人がタイに、ジャワ、スマトラに八〇〇人が送り出されました。

*捕虜の犠牲と捕虜監視員

監視しているだけでしたら戦犯になるようなことはなかったかもしれません。食料や医薬品があり、軽労働でしたら問題はなかったでしょう。朝鮮半島に開設された捕虜収容所では特に大きな工事もなく、軽作業。それほど食糧が逼迫していなかったので、日本人の軍医や警察関係で朝鮮人一人が戦犯となっていますが、泰緬鉄道ほど多くの戦犯はいません。

〔表2〕**自人捕虜とアジア捕虜**

●「白人捕虜」概数 (1942.4 現在)

	将校	下士官以下	合計	備考
イギリス	4809	41518	46327	
アメリカ	456	5184	5640	
カナダ	73	1611	1684	
オーストラリア	987	15814	16801	
ニュージーランド	22	52	74	
オランダ	2357	21211	23568	
南ア	17	15	32	
その他	5	216	221	
合計	8726 人	85621 人	94347 人	

出典：俘虜情報局「俘虜月報」第 3 号

（注）『俘虜月報」8 月号 (1942.9) では白人補虜数は 12 万 5309 人と増加。

●南方における白人以外の捕虜：137176 人 (フィリピン人・インド人・インドネシア人・マレー人・ビルマ人)

出典：『俘虜月報』1942〔昭和 17〕年 8 月号

〔表3〕捕虜の犠牲

『オーストラリア・エンサイクロペデア』(The CrOlier SOCiety Of Australia, 1983 4th ed.) では、オーストラリア人捕虜 2, 2376 人、うち 8, 031 人が死亡、死亡率 35.9% とある。
死の鉄路 (泰緬鉄道) の死者は、補虜 11234 人から約 16000 人 .

●泰緬鉄道　F フォースの捕虜の場合

	総数	死亡者数	率
オーストラリア人	3662 人	1060 人	28. 94%
イギリス人	3400 人	2036 人	59, 88%
計	7062 人	3096 人＊	43.84%

出典：F フォース裁判・シンガポール軍事法廷 (1946。9.25-10.23)
＊日本側の統計では 2646 人「泰、緬甸連接鉄道建設二伴フ俘虜使用状況調書」

日本軍はタイとビルマの間四一五キロに鉄道建設を強行したのです。熱帯のジャングルを切り開き岩山を爆破し、架橋しながらの線路敷設です。その労動力は、連合国の捕虜とアジア人労働者です。その捕虜の監視に動員されたのが朝鮮人軍属でした。（〔表2〕**白人捕虜とアジア人捕虜**）

オーストラリアの捕虜の犠牲は、死亡率三五・九％です。（〔表3〕**捕虜の犠牲**）

オーストラリアでは戦闘で死亡した者より、捕虜となって死亡した人が多かった言われるほど死亡率が高かったのです。その現場が泰緬鉄道の建設現場です。

表の中の（●泰緬鉄道　Fフォースの捕虜の場合）をみてください。「Fフォース」というのは捕虜部隊の名称です。

捕虜の犠牲といってもオーストラリア人捕虜の死亡率は二八・九四％、イギリス人捕虜が五九・八八％です。

同じ現場にいて、なぜこれだけ死亡率が違うのか。私も最初わかりませんでした。捕虜だったオーストラリア人が教えてくれました。捕虜たちを支えたのは「仲間意識」(shipmate)だった。その象徴として語られるのがダンロップ軍医――オーストラリアの国民的英雄といわれるダンロップ軍医です。彼の銅像がいま、キャンベラの戦争記念館の庭に建っています。彼の死後に銅像を建てるほど元捕虜たちが彼を敬愛していたのです。

軍医は将校ですから、捕虜になってもジュネーブ条約の規定で給料が出ます。兵士は労働しなければお金が出ません。まして病人には全く賃金は出ません。ダンロップ軍医は、将校たちの給料を集めてはタイ人やビルマ人から食料などを買って病人などに支給していました。また、手術をしたくても道具も薬もない。その中で、さまざまな工夫をしてとにかく捕虜を助けました。「ウエアリー・ダンロップ」と呼ばれていますが、なぜ愛称が「ウエアリー」なのか、捕虜の命を救うために献身していたかれはいつも疲れ果てていたからといいます。

その上、日本の鉄道隊から「明日、○○人を作業に出せ」と要請された捕虜収容所の係が、ダンロップ軍医にその数の捕虜を作業に出すように伝達します。しかし、ほとんどが病人ですから「○人しか出せない」「もっと出せ」といった緊張したやり取りが毎日、繰り返されました。この「出せ」「出せない」の最前線でダンロップとやりあったのが朝鮮人軍属李鶴来(イ・ハンネ)さんです。他の収容所でも同じような緊迫したやりとりが繰り返されました。李さんは「命令」をうけて、現場に伝え、申し渡された数の捕虜をそろえて作業現場に連れて行く、それが任務でした。捕虜の数が足りない時は一人でも多く出すようにダンロップと交渉する。時には強制する。それが戦争犯罪として告発されたのです。

ダンロップは、「出せない」と抵抗しますが、結局、症状の軽いものを出さざるを得ない。でも彼はそうやって、捕虜を守り食料を供給するために全力を尽くしたので、これだけの死亡率で留まったのです。

＊病気と過酷労働の実相

この年はコレラが大流行しました。熱帯性潰瘍もある。赤痢もある。薬がない。鉄道隊の小隊長阿部宏さんはシンガポールの収容所本所に連絡して、医薬品と食料を送るように要求したが一度も着かなかったと証言しています。そんな過酷な状況でジャングルに鉄道を敷設していくわけです。

道もないところです。木を伐採して道を造るが、雨期にはぬかるんでトラック輸送が難しい。糧秣《りょうまつ》は鉄道起点近くに集めていたといいますが、その年は雨季が例年より一ヵ月早く来たこともあってトラック輸送が難しい。クワイ川、タイの呼び方ではケオノイ川を使っての輸送も一つの手段と考えられていましたが、雨季が始まった一ヵ月ほどは上流から流木や岩が押し流されてきて、船での遡上も難しかった。五万人からの捕虜を使役するには、相当の食糧や医薬品などを準備して輸送しなければならないのに、人間が先に送り込まれ、物資の輸送が遅れたのです。国境に近い奥地に送りこまれた鉄道隊の小隊長は「骸骨が靴を履いてる」と日記に書いているほど、捕虜がやせ細っていきました。「これでは全滅だ」と、命令を待たずに無断で食料が確保できるところまで後退しています。

この劣悪な状況のもとで、日々、捕虜の管理をして、鉄道隊の要求する数を作業に出す任務を負わされた朝鮮人監視員は、鉄道隊と捕虜との間で苦闘していたのです。捕虜に憎まれるのも当然です。

＊朝鮮人軍属に向かう憎しみ

泰緬鉄道に限ったことではありません。

日本はオーストラリアも占領するつもりでした。オーストラリアの北にダーウィンがありますが、日本軍が爆撃しています。真珠湾のようにシドニー湾も攻撃しています。

その後、オーストラリア北側のバンダ海やアラフラ海のアンボン島やフロレス島などに飛行場をつくっています。当時の日本軍の飛行機では、ジャワ島から爆弾を積んでオーストラリアのブリスベンやシドニーを爆撃するのは難しかったので、すぐ北側にある島に飛行場を建設してそこから攻撃しようとしたのです。ブリスベンには、"I shall return"といってフィリピンを脱出したマッカーサーがいました。

飛行場建設の地はサンゴ礁です。灼熱の現場を二〜三〇年前になりますが行ってみました。ハルク島——聞いたことがない名前だと思いますが、サンゴ礁の小さな島で食料自給が難しいので島民も少ない。そこに一〇〇〇人以上の捕虜や飛行場設営隊員が上陸します。水田はもちろんありません。

戦犯になった高在潤さんが言っていました。「内海さん考えてください。捕虜一人に葉っぱ一枚あげたければ、一〇〇〇枚集めなければいけない。どこにそんな野菜がありますか」と。周りが海なら漁をすればいいじゃないかと、単純に思ってしまいますが、すでに連合軍の爆撃が始まっていました。のんびり漁ができる状況ではない。

日本軍は捕虜を労働させるつもりですから、当然、ジャワ島から食料を輸送しています。ところがすでに連合軍が制海権、制空権を握っているので、島を目前にして撃沈されています。捕虜は飢える。その飢えに苦しむ捕虜を使っての滑走路の建設です。実際に彼らを使っての作業は飛行場設営隊がおこないますが、その捕虜の管理は俘虜収容所、実際には朝鮮人軍属です。

また、インドネシアの西側にスマトラ島があります。マラッカ海峡をはさんでマレー半島と面している大きな島ですが、インド洋に抜ける縦断道路を建設していて、ここでも同じような状況が生まれました。

こういう中で、日々、捕虜と接触して生活の面倒を見るだけでなく、労働に出す数を含めて濃厚な接触をしていたのが捕虜収容所、それを中心で担っていたのが朝鮮人軍属だったのです。

＊捕虜虐待を裁く「ポツダム宣言」

「ポツダム宣言」第一〇項に「我らの捕虜を虐待せる者を含むあらゆる日本の戦争犯罪はこれを厳しく裁く」とあります。これが連合国の方針です。

日本の戦争犯罪はいろいろありますが、連合国が最も重視したのは自国の兵士への虐待です。戦争中に繰り返し抗議をし、問い合わせをし、赤十字国際委員会を通じて交渉をしてきたにもかかわらず、捕虜の死亡率は二七％——これは東京裁判の判決で言及されている数字です。捕虜虐待を絶対に許さない、これが連合国の強い意志です。

その「ポツダム宣言」を日本は受諾したのです。連合国の抗議も問い合わせも無視、あるいは軽視した日本軍は、戦争終結時に捕虜収容所関係の書類を燃やせとの指令を出していました。私がインタビューをした福岡俘虜収容所の副官だった日本人は、燃やさなかった。個人がしっかりしていただけでなく、命令は軍から出ています。捕虜収容所は陸軍省の管轄(軍政)に属するので、この命令に従う必要はなかったのです。さきほど　捕虜を白人とアジア人分けたことを話しましたが、この白人捕虜も現地の作戦部隊が収容している時は軍の管轄でした。正式に捕虜として登録されていないので、ジュネーブ条約の適用外でした。かれらが捕虜収容所に収容されて一人一人に銘銘票が作られ、正式な捕虜として登録されてはじめてジュネーブ条約が適用される――これが日本の捕虜管理システムです。

戦闘が終わって現地の作戦部隊が仮収容している連合軍の兵士は、正式な捕虜ではなく「軍令の捕虜」です。アンボン島で投降したオーストラリア人兵士を大量虐殺していますが、これは捕虜収容所とは関係ない、現地作戦軍の犯罪です。福岡空襲の時に撃墜され捕まった飛行士が軍律会議にもかけられず処刑されたり、生体実験されたりしています（九大生体解剖事件）。西部軍による捕虜（軍令の捕虜）虐待・殺害です。

一九四二年八月、各地に捕虜収容所が設立されて、ここに収容された捕虜一人一人に銘々票をつくる。B5版のカードには、名前、住所、所属部隊、階級、職業、親の名前などの他に特記事項で、容貌を書き込んでいます。目が青いとか黒いとか、皮膚の色、どこで捕まったのか、その後の移動もこのカードに書き込まれていきます。

これは陸軍省の俘虜管理部の管理です。このように捕虜収容所に収容されて「正式な捕虜」となった彼らをジュネーブ条約に基づいて処遇する。これが日本の捕虜の取り扱いです。このようなシステムで捕虜の管理が行われ、その収容所に配属されたのが朝鮮人軍属、台湾人軍属です。

連合国はこのような日本の管理システムと関係なく、捕虜虐待を開戦直後から調査しています。オーストラリアでは戦後、帰国した捕虜に質問票をだしてその処遇の調査をしています。虐待や殺害の証言などを細かく記録しています。「殴られた」「殴られたのを見た」とか――。

このような調査から戦後、戦犯容疑者を割り出していきますから、日常的に捕虜を管理した収容所関係者から多くの戦犯が出たのです。その捕虜収容所の運営は朝鮮人軍属が主体となっていましたから、かれらの中から戦犯がたくさん出ます。

植民地出身者を日本人として裁いた連合国――朝鮮人二三人が死刑になっています。(捕虜収容所監視員一四人、フィリピン俘虜収容所所長、中国での通訳八人)。

裁判はジャカルタ、シンガポール、北京が中心です。マニラでは洪思翊(ホン・サイク)中将が山下奉文や本間雅晴のあとに絞首刑になっています。

アジア太平洋戦争は、欧米帝国と日本帝国の戦争に植民地の人たちを巻き込んだ戦争でした。植民地支配の問題をアジアの側から問題にしていかなければいけなかったのですが、終戦直後、アジアは独立をし、あるいは主権を回復したばかりで、日本の戦争犯罪の追及にまで力をさけなかったのです。

フィリピンだけは、アメリカのマニラ法廷を引き継いで裁判を行っており、元朝鮮人志願兵が戦犯になっています。

＊「戦犯」とはなにか？

戦争裁判で何が裁かれたのか、戦争犯罪とは何か。当時、ほとんど理解できなかった中で「あいつ戦犯だ。何か悪いことしたに違いない」というような形で、戦犯を糾弾したりする動きがありました。刑死した人の遺族は当初は遺族会にも入れてもらえなかったといいます。

戦争中、自分がどのような戦争協力をしたのか、そのような自らへの問いをしないで、連合国が「戦犯」指名すると、その尻馬にのって戦犯容疑者を糾弾していく。その上、朝鮮人戦犯たちには「親日派」というレッテルも貼られました。日本軍の中では「朝鮮人のくせに」と言われて、上官からも同僚からもいびられる。歯を食いしばって時には悔し涙を流しながら任務を遂行した彼らは、戦後、自分の国にも帰れない。その中で自殺した人もいます。

かれらが「同進会」という互助組織を結成したのは、異国の地に放り出されたけれど、とにかく生きる、生き延びるために、政府と交渉するためでした。

＊補償なし謝罪なしの日本政府

日本は主権を回復すると、軍人恩給を復活（一九五三年）させ、遺族年金（一九五二年）も出す――このような政策をとります。しかし、朝鮮人・韓国人や台湾人は「外国人だから」と切り捨てられたことは初めにお話しした通りです。戸籍、国籍で排除される中で、彼らは行動を起こします。生きるための闘いです。巣鴨刑務所からデモに出て、首相官邸前に座り込む。国会の正門から入って抗議する。こういう活動を繰り返しました。その中で政府は、次官会議決定で少しばかりの生活支援金を出したこともありました。

今、一部の人たちの生活は安定してきましたが、刑死者には何の補償もない。謝罪もない。李鶴来さんは昨年亡くなりましたが、最後まで、刑死者に対して謝罪と補償をするように、日本政府に求めました。補償も謝罪もしないが、刑死者は靖国神社に合祀しています。

＊インドネシア独立の英雄となった朝鮮人軍属

一九七〇年のころ、『潮』という雑誌に、朝鮮人戦犯の証言が載りました。その後、岡本さんの「ある告発」を見ました。しかし、朝鮮人がなぜ戦犯になったのか、まだよく理解できませんでした。すごい問題だと気にはなっていましたが、一九七〇年代にはまだ戦争裁判資料が公開されていなかったこともあります。調査もできずにいましたが一九七五年日本語教師として、インドネシアに行きました。

その年、インドネシアの独立戦争に参加した三人の日本人が独立英雄として再埋葬される式典がありました。式典には二人の遺族が招待されて日本から来ていました。分骨もされたのに、一人だけ遺族も来ない、分骨もされない、なぜかと聞いたところ「あれは朝鮮だよ」との答えが返ってきました。ジャカルタには韓国の大使館も北朝鮮の大使館もあったのに連絡もしていなかったのです。その不誠実な態度に怒りを覚え、いつか遺族に連絡をとり、独立英雄として埋葬されている事実を知らせたいと思い、二年間、インドネシアにいた間、かれらと一緒にオランダの再侵略に抗してゲリラ闘争を続けたインドネシア人の聞き取りや調査をはじめました。その中で残る一人コマルデンは、梁川七星（やながわしちせい）という名であることが分かりました。本名梁七星（ヤン・チルソン）であることもわかりました。しかし、厚生省は「留守部隊名簿」を見せてくれません。留守名簿が公開されていればどこの出身か、父親の名前もわかります。情報がない中で、当時、出版されていた『三千里』という雑誌に小さいコラム（「インドネシアで独立英雄になった朝鮮人」）を書いたところ、「これは私が探している甥だと思う」との連絡がありました。

写真を突き合わせて確認しました。母親が帰らぬ息子を待っていると聞いて思い切って韓国に行きました。一九七八年です。

戦後、「岸壁の母」という歌がはやりましたが、私たちは日本人のことしか思い浮かべていませんでした。でも韓国にも、日本軍に徴兵徴用されて帰ってこない息子や夫を待っている「岸壁の母」がたくさんいることを教えられました。梁七星も母親もその一人でした。復員列車が入るたびに、南原駅に行って待ち続けた末に亡くなったと、妹さんから伺いました。今、彼はインドネシア・ガルートの英雄墓地に、ヤンチルソンとコマルディンの名前で埋葬されています。

梁七星の調査している時に彼と同じ捕虜収容所の監視員をしている軍属の中に、朝鮮独立運動のため「高麗独立青年党」を組織した人たちの存在を知りました。それを調べていた時に「軍人軍属だけじゃなくて、文化人もいたんだよ」と教えてくれたのが同進会の会長だった李大興（イ・デフン）さんです。

日夏英太郎——敗戦後、インドネシアに残った日夏英太郎（本名　許泳（ホ・ヨン））は日帝下で志願兵を集めるためのプロパガンダ映画『君と僕』を制作しています。その後、インドネシアに渡り、第一六軍別班で同じように宣伝映画などをつくっていましたが、敗戦後はインドネシアに残り、映画技術をもって独立運動に参加しています。いまではインドネシアの映画の基礎を築いた映画人として評価されています。

アジア太平洋戦争が始まると大東亜共栄圏全域に動員された朝鮮人の中には戦犯となり、独立英雄となったりした人もいます。遺骨すら見つからない人もいます。梁七星と一緒にインドネシア独立戦争に参加した元捕虜監視員もその死亡日時も場所も分かっていません。

＊いまも残る戦争責任と戦後処理問題

朝鮮人戦犯の当事者は全員亡くなりました。しかし、その遺族たちが日本政府に謝罪と補償を求めて運動を続けています。刑死した仲間の遺族に誠意を尽くせと一生懸命、運動してきましたが、政府はのらりくらりで、最後は「日韓条約で全て解決済み」と切り捨ててきました。しかし、韓国で資料が公開されて、日韓条約の交渉時に韓国政府は「この問題は日本の問題だから、日韓条約では取り上げない」という申し合わせをしていたことがわかりました。韓国が文書を公開して初めてわかったことです。その意味でも、解決されていない日本の戦争責任、戦後処理の問題として、この問題を訴え続けていきたいと思います。どうもありがとうございました。

〔質疑応答〕

（Q）補償についての法制化に向けた動きはどのような感じでしょうか？

（A）日韓議連の中でも問題を認識している議員はいます。私たちは法案もつくりましたが、安倍政権の時だったこともあり、政府は動きません。「日韓条約で解決済み」ということも資料が韓国で公開されなかったら、ずっとそれで押し切られていたでしょう。厚生省にいっても外務省に行っても「解決済み」から一歩も進まなかったのです。当事者の李鶴来さんや李大興さん、当時の会長さんなどが激昂して詰め寄ったこともありますが、相手はのらりくらり――「解決済みですから、何か文句があったら自分の国の政府に言ってください」の繰り返しでした。

韓国で文書が公開されて違うことがわかったので、もう一回取り組みができないかと思っていますが、どのような論理を組み立てるのか、なかなか難しいのが現状です。訴訟は難しいかもしれませんが、法制化に向けて運動は続けていきたいので弁護士さんとも相談しています。

李鶴来さんは「お金じゃない」と言います。極端に言えば一円だっていい、これを国家の責任において、その謝罪の意味を込めて支払うという、その一言が欲しいということです。

戸籍、国籍条項で排除されていますが、生きるためにとにかく国会に足しげく通い、時には座り込みもした。それに応えてくれる議員もいたのですが、政府による謝罪と補償はない。法案はできていますが、今の国会の状態では法案の成立もなかなか難しい――これが現状ですが当事者はあきらめません。運動は続いています。

（Q）東條は戦犯で岸は戦犯の容疑者だというお話が最初にありましたが、岸は戦犯だと思っていました。その線引きはどこですか。

（A）第一次東京裁判の被告は二八人です。法廷で大川周明が目の前にいる東條の頭をピシャっと叩きました。「なんだ」と思って東條がうしろを向いたら、大川が変な行動をしている。精神障害だというので被告から外れ、免訴になりました。途中で二人、松岡洋右と永野修身が亡くなって二五人に判決が出ました。うち七人が絞首刑判決です。その死刑の執行が一九四八年一二月二三日で、平成天皇の誕生日でした。連合国は第二次東京裁判をやる予定で、その被告として一九人をスガモプリズンに収監していた（うち一人は入院、一人は死亡）。しかし、一九四八年には冷戦が激化し、アメリカもイギリスも戦争裁判を継続してやる熱意を失っていきました。それで東條たちの死刑執行の翌日に、第二次東京裁判で起訴される予定だった岸たち全員を無罪釈放、これ以上、重要戦争犯罪人の追及はしない。これが連合国の方針でした。そして、収監されていたA級戦犯たちも減刑されて、スガモプリズンを出ています。戦犯受刑者世話会をつくったりして活動しています。

しかし、末端の人たち、最後の朝鮮人戦犯が釈放されるのは一九五八年です。巣鴨の閉鎖の直前です。そこまで巣鴨に勾留されていました。

（Q）国籍という枠組みによって翻弄された人たちのことについて話されましたが、第二次世界大戦の朝鮮人と、その後の在日の問題のベースになる部分だと思います。ところが、僕も若い世代ですが、このことはあまり知られていません。例えば教科書でも韓国併合、植民地化について、つまり韓国人が日本人になった事実については書かれていないので、今の学生たちが知り得ない。このため問題を誤った方向に理解することもあると思うんです。

（A）実は実教出版の教科書に、戦犯の問題が少し出ました。しかし、教科書の記述ってあまり覚えてないですよね。何かのきっかけで気づけばいい――たとえば、法政大学の学生は新聞で問題を知り、ゼミで二〇分ぐらいの動画をつくっています。いろいろなきっかけで問題を知った人たちが運動に参加しています。問題はそれをどう広げていくのかです。私たちは資料や証言を集めたりするので精一杯でしたが、これからは漫画とか動画、YouTubeで訴えていこうと話し合っています。

当事者がずっと運動を続けてきましたから、新聞、ラジオ、テレビで繰り返し取り上げられています。「私は貝になりたい」もありますが、この間もＴＢＳが取り上げましたし、ＮＨＫスペシャルで「チョウムンサンの遺書」(注)を放映しました。一九九一年ですが…。

趙文相（チョウ・ムンサン）はクリスチャンで、語学ができたので通訳をやっています。通訳で戦犯になっている人は多い。彼は最後にキリスト者として罪を背負う形で処刑されるのです。この番組のディレクターが、オーストラリアに取材に行き、告発した側の元検察官を取材しています。「一ヵ月に何十人もの人間を告発するんだから、いちいち調べているわけにいかない」と答えています。戦犯になったのは「偶然にすぎない」との趣旨の話を放映していました。

戦争犯罪はそれぞれケースが違うから一概には言えませんから、一人一人調べていかなければいけない。「戦犯は悪いやつだ」と調べもしないで切り捨てるのは問題ですが、「無罪だ」と断定することもできない。「戦争犯罪とは何か」「誰がいつどこで何を裁いたのか」――こういうことを調査していかなければいけない。

一つの例としてあげると、泰と緬甸（ビルマ）間の鉄道建設でなぜ、一万人以上の捕虜の犠牲が出たのか。現場だけでは説明がつかない。建設が始まるとすぐに大本営参謀部から一年の工期を四ヵ月縮めろと命令が出た。現場は大混乱です。食料も不足、資材も届かない。でも、命令は絶対で、現場は死に物狂いで作業を続けたと話しています。結局二ヵ月延びて一〇ヵ月で完成しますが、その間に先ほども述べたように病気でも症状の軽い者を労働に駆り出したりして、捕虜の犠牲が増えていったのです。しかし、命令を出した大本営参謀たちはどう責任をとったのか。中には陸軍次官になり、戦後は捕虜調査委員会の委員長になった将校もいます。米軍に提出した調査報告書には、捕虜の犠牲が多かった一因に監視員だった朝鮮人台湾人の素質が悪かったというようなことを書いています。

このような記述を黙って見過ごすことはできません。いま、いろいろな資料にアクセスできますから、具体的に誰がこの事態を引き起こしたのか、その責任を明らかにする作業もしていかなければいけないと思っています。日本の侵略戦争を担った参謀本部中枢の責任追及はほとんどなされないまま、冷戦の中でかれらが復権し、公職追放の解除も進みます。軍人恩給は一九五三年に復活しています。

日本が主権を回復した一九五二年五月、法務総裁が「戦犯は国内法上の犯罪人ではない」と通達しました。かれらの遺族も戦傷病者戦没者遺族等の援護法の対象になります。軍人恩給、年金も支給する。戦犯で勾留されている期間を勤務年限にカウントして年金の不足年限を補うような措置も行われました。こういう措置をして、最後には刑死者を靖国に合祀しています。戦犯の刑死は公文書には「公務死」あるいは「法務死」と書いてあります。恩給、年金を出し、名誉を回復する。こうやって裁かれた戦争犯罪――連合国が裁いた戦争犯罪は、国内的には曖昧なものになっていく。これが一九五二年からのサンフランシスコ講和体制――主権を回復してから今日まで続く講和体制です。

日本が植民地支配の責任をどのように取ってきたのか。戦争責任、戦後責任、植民地責任の追及を戦後世代の研究者が取り組んでいます。さまざまな戦後補償運動も続いています。彼らと一緒に、研究や運動を続けていきたいと思います。ぜひ、一緒にやりましょう。

戦争責任を取ってこなかったのは、天皇だけじゃないんです。その象徴が天皇ですけど、もっと軍の中枢の、その人たちは戦後どうだったのか…。

「民主主義」とか「平和」を語りながら、もう一方で戦前のシステムがこういう形で生きている。在日の人たちのその感性と問題意識から、日本の戦後民主主義の虚妄がはっきり見えると思いますので、これからも具体的に追求していただければと思います。

（日韓記者・市民セミナー　第四一回　二〇二二年一二月一四日）

（注）ＮＨＫスペシャル　シリーズアジアと太平洋戦争 第４回
チョウムンサンの遺書～シンガポール・ＢＣ級戦犯裁判～１９９１０８１５
https://www.dailymotion.com/video/x8bohwc

第Ⅲ講　時《じ》務《む》の研究者「姜徳相」
――関東大震災時の朝鮮人虐殺研究　その思い

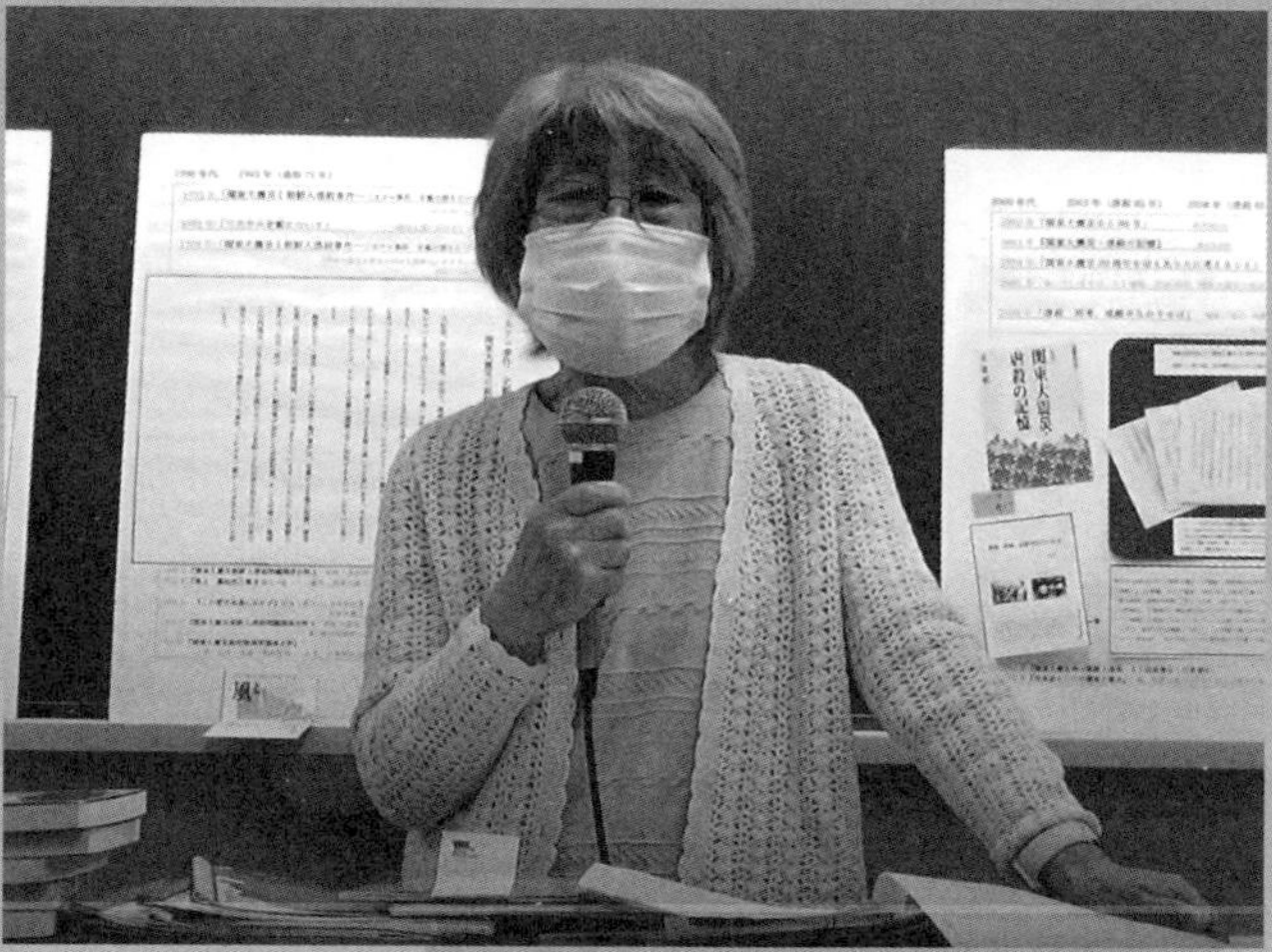

山本　すみ子
――姜徳相聞き書き刊行委員会

私は神奈川県で朝鮮人虐殺についての真相を究明し、隠蔽された百年前の歴史を知ることを通して市民のレベルで追悼していこうと、十年ほど前に組織を作りました。その実行委員会のメンバーには日本人もいますし朝鮮人もいます。

姜徳相先生は、オーラルヒストリーの本を出版して二ヵ月後にお亡くなりになってしまいました。私たちは、姜先生が自分の一生涯を通して語りかけてきたことを一つ一つまとめていきたいと考えました。

私の後ろにあるパネルは、刊行委員会が中心になってつくったものです。先日、この展示会・講演会をアリランでやりましたが、今日の話は、これが元です。

姜徳相聞き書き刊行委員会 編
三一書房　2021 年 4 月 26 日発行

姜徳相先生は、関東大震災の朝鮮人虐殺について、病気になられても、真相の追究をずっと続けていました。亡くなる間際まで自分のそばに置いて、特に神奈川のまだ究明されていない事実について調べていました。

具合がいいときには、横浜へもフィールドワークにいらっしゃって、いろいろお話しくださいました。それがこの写真を貼ったパネルです。病気になるちょっと前でしたが、姜先生同行の解説で、最後のフィールドワークでした。

この後、姜ゼミをやりました。そこに集まってきた人たちを連れて横浜でフィールドワークをしてくださいました。

その後も日本の中の朝鮮ということで、琵琶湖を一周したり、色んなところを回りましたが、その時はもう既に病気でした。琵琶湖のフィールドワークが終わってすぐ病院に行ったところ、もう大変な事態になっていました。

先生はそのときにあと五年生かしてくれと医者に言ったそうです。そのときに先生の頭にあったのは、呂運亨（ヨ・ウニョン）の本だと思います。二〇年前に一巻二巻と出して、その後原稿を貯めておいたようです。三巻四巻を出版されました。

関東大震災の虐殺については、明らかになってない神奈川県を何とかまとめたかったようです。抗がん剤の副作用が続いたりして、五年間の闘病生活は、体調が比較的良いときもありましたが、もう動けないというときもありました。

二〇二〇年の一一月頃でしょうか、あと半年経ったら寛解すると医者に言われました。その頃は気分的にかなり良くなられて、聞き書きでも盛り上がったり、資料もたくさん持ってきてくださって、私達と一緒に学習を進めてくださいました。でもそれからしばらく経って再発を宣告されました。

私たちは春になって暖かくなるし大丈夫だと励ましましたが、先生はそれを否定するわけです。「春になって暖かくなってもこの病気は変わらない。自分はあと少しだ」と言われましたが、私達はそれを受け止めることができませんでした。そしてお亡くなりになってしまいました。

＊「朝鮮史は日本史の歪みを正す鏡」

姜先生が一生涯手を休めなかった関東大震災の朝鮮人虐殺について、先生がこの問題に出会ったのは、たぶん中学生の頃だと思われます。

アボジ（父親）の友達に、日本人の警官がいました。その人がアボジと酒を飲んでは自分の体験や、見てきたことを話します。この警官は、江東区で自警団が朝鮮人女性を虐殺しているところを見たというんです。それが夢に何回も出てくるというんです。そのとき聞いたことが先生の中に残っていて、後で出てくるわけです。

大学から大学院にかけて、自分はいったい何者なのかとすごく悩まれるわけです。日本人なのか、朝鮮人なのか、そんなときに、山辺健太郎さんに出会いました。

山辺さんは、たまたま家の近くの病院にいました。研究者である山辺健太郎さんは、姜先生に会うなり、「お前は何で中国史なんか研究しているのか」と尋ねます。

大学に入って中国語を勉強して、通訳や中国語の雑誌の会社でアルバイトをやるわけですが、中国史に興味を持っていたんです。この時、山辺さんに「お前は朝鮮人だったら朝鮮史をやれ」とズバッと言われます。「朝鮮史は日本史の歪みを正す鏡だ。だから朝鮮史をやれ」と言われるわけです。

そして、他の先生や研究者たちから背中を押されて本名宣言をします。それから早稲田の中国研究会の中に朝鮮史の研究会を作りました。日本人も在日も一緒になって朝鮮史の勉強を始めるわけです。

これは一九五〇年代の最初のころですから、大学には朝鮮史を研究するような人もいないし、教えるための授業もありませんでした。

一緒にやっていた中に宮田節子さんがいました。後に研究者から大学の教授になる方です。この人が三・一独立運動を卒論に取り上げたいと考えて歴史の先生に相談したところ、「その研究を指導する教官は早稲田にいない。友邦協会に行って勉強したらどうか」と言われます。

「友邦協会」とは、植民地支配の時代に朝鮮総督府で役人をやっていた人たちの集まりです。姜先生もそこに一緒に行くわけです。

ところが総督府のかつての役人たちと学生たちが研究会をやると、植民地支配に対してどうしても批判することになります。

役人たちはそれをどう評価するかというと、とにかく「君たちの意見は受け止める」と言うわけです。しかし「歴史の評価は、植民地支配と朝鮮総督府について批判する場合でも、その当時の記録としてきちんと残していかなければいけない」と言われます。

敗戦から何年か経ってきちんと見直していく、そういう姿勢で役人たちは受け止めて、若い世代の人たちの批判を、それはそれという形で、受け止めてくれたらしいんです。

その研究会が徐々に充実して、毎週一回、年間五〇回、一〇年間続きました。

植民地支配の膨大な資料です。例えば、当時の交通や警察組織がどうなっていて、どういうことをしたかというようなことも、そのトップが来て話をする。それを記録にとりました。全部録音してあるそうです。文章に起こしていく作業をずっと続けたわけです。

それは現在まだ起こしていない資料もあって、今は学習院大学に置かれています。

＊梶村秀樹、朴慶植との出会い

研究会には早稲田ばかりではなくて東大の学生も入ってくるし、いろんな大学の学生が来て、研究者も来るようになりました。そこで先生は東大の梶村秀樹さんと意気投合します。

一緒に研究していくうちに、梶村さんは朝鮮近代史の研究の中で、「内在史観」というものを見つけ出します。

ですが姜先生はなかなかうまくいきません。貨幣や流通を姜先生は受け持っていましたが、なかなかうまく研究が進まなくて、悩んでいた時代があるわけです。

悩んでいるときに、朴慶植（パク・キョンシク）さんに出会います。『強制連行の記録』を出版する前のことで、朴慶植さんは一生懸命それを調べていました。そして朴さんは、「強制連行の研究を時務《じむ》の歴史として、自分はやっている」と言うわけです。

「朝鮮人は好きで日本に来たわけじゃない。連れてこられた。これは日本国家の責任だ。日本の政策によって来た人間だということをはっきりさせ、責任が日本にあることを問うていくのが〝時務の歴史〟だ。歴史の研究者としてはそれをやっていかなければならない」

朴慶植さんは姜先生にそう話して、僕と一緒にやらないかと誘いました。でも先生は「自分はそのことについて全然研究していないので、とてもじゃないけど一緒にはできない」と言って断るわけです。それから必死になって自分の「時務の歴史」を探します。

その頃国会図書館によく通っていました。国会図書館も山辺健太郎さんから、正面玄関からじゃなく裏から入って書庫に行き、必要な本や資料を持ってきて研究するスタイルを学びます。

そしてその頃、アメリカから国会図書館に戻ってきた返還文書があることを司書の方から聞かされます。返還文書は、ＧＨＱが押収した日本の公文書です。陸軍のものは、かなり焼却されたそうですが、海軍のものはだいぶ残っていました。マイクロフィルム化されていて、見たら関東大震災の公文備考というものだったんです。ここで中学生の頃、親父の友達の日本人警官から聞いた話と繋がるわけです。

一九五八年に横浜の斎藤秀夫という人が、「関東大震災と朝鮮人さわぎ」という論文を書きました。歴史評論に掲載されたその論文を見た姜先生は、鉤括弧抜きの「朝鮮人騒ぎとは何だ！」と思います。これが歴史の中心になってしまってはいけないと考えました。そして国会図書館で見つけた関東大震災の公文備考を資料として公にしていこうと決意をするわけです。

＊資料集と論文

関東大震災の朝鮮人虐殺を、自分の「時務の歴史」として研究していこうと決意した姜先生は、五年をかけて、みすず書房から資料集を出版します。そして一九六三年に論文を発表します。「関東大震災に於ける朝鮮人虐殺の実態」（『歴史学研究』）、「つくり出された流言」（『歴史評論』）、「大震災下朝鮮人被害者数の調査」（『労働運動史研究』）です。三つの論文が一度に出るわけです。

この六三年には、大正デモクラシーが専門の京都大学の松尾尊兊《たかよし》さんの「関東大震災下の朝鮮人虐殺事件（上）」が『思想』という雑誌に掲載されます。（（下）は翌年二月に掲載）一九六三年は「虐殺四〇年」が重なって、いろいろと世の中で問題になりました。『週刊朝日』が、「ある残酷物語への証言」を掲載しました。週刊誌が取り上げたのは初めてのことでした。朝鮮人虐殺事件のベールを剥ぐということで、もちろん姜先生も書いていて、絵も掲載されます。六三年の九月六日号です。

そうしたら、どこどこに虐殺遺体を埋めたとか、それを地図入りで送ってきたりして、読者欄が埋まってしまうほどたくさんの投書が来たわけです。この問題が初めて日本社会で大衆的に取り上げられたといえます。

もちろん戦後、一九四五年一二月に朝連が組織され朴烈（パク・ヨル）が出獄したときに、関東大震災虐殺の真相究明と補償、責任を日本政府に問う決議をあげました。その次の日に神奈川県で集会が持たれたときにも決議をして、神奈川県知事に突きつけました。そういう取り組みは朝鮮人自身の中にはあったけれど、日本人の中できちんと問うということはなかったわけです。

ある意味では斎藤秀夫が取り上げたけれど、「朝鮮人さわぎ」という形でちらっと触れるにとどまり、その取り上げ方が批判されました。

松尾尊兊は姜先生が論文を書き資料集を出したことを非常に評価します。

「従来とても断片的なものしかなかったけれど、これは基礎的資料の集大成であり、資料的な価値が非常に高くなった」

「本来ならこの資料集はもっと早く我々日本人の手でまとめるべきであった。いかに帝国主義に踊らされていたかと言っても、自らの手を血で汚した者は、せめてもの償いとして、事件の真相を明らかにするのが道理というものである」

「それが日本人研究者の怠慢のために、被害者の身内の人の努力によって、先にやられてしまったことは誠に恥ずかしいことである」

こういうふうに、松尾尊兊さんは言っています。

『週刊朝日』で大衆的に取り上げられたことに対して、政府は次のように表明して、民間人からなるマスコミ対策委員会を組織しました。

「最近一部のマスコミの中には日韓交渉が進行中だというのに、関東大震災当時の朝鮮人虐殺の話を特集するなど、無神経な編集をする週刊誌や、殺人現場を放送するテレビなどかなりひどいものがある。それで、放送委員会のある対策委員会をつくった」

この時代もかなり大変な出発だったのではないかと想像します。

＊流言飛語の発生源

松尾さんは京都大学で、姜先生は東京で研究しましたが、流言飛語《りゅうげんひご》がどこから出たのかについては、お互い違う意見だと松尾さんは言いました。

松尾尊兊さんは「自然発生説」を唱えました。自然発生説とは、「朝鮮民族に対する日本の根深い偏見、差別感が根っこにあって、そこから出た」というものです。だから「流言飛語が出た場所は一ヵ所ではなく、震災地域、関東一円、いたるところに発生源はある」というふうに主張しました。

それに対して、姜先生は「官憲説」を唱えました。「流言発生は日本人一般ではなくて朝鮮人を監視して取り締まることを専門にしていたプロがいる。それは憲兵であり、特高警察鮮人係である。その警察の部局のものは、日常鮮人を警戒視する訓練を受けている」。

横浜では流言が入ると、交番や本署の警官が朝鮮人が働いてるところに、的確に飛んで行きました。

例えば、当時、横須賀線の電化工事をしていて、朝鮮人の労働者が飯場をつくって暮らしていました。保土ケ谷とか戸塚、戸塚の手前の川上などにそこに飛んでいく。

そのすぐそばに浅野セメントがあり原料を発掘している。そこの崖に飛んでいく。あるいは富士ガス紡績には四千人近くの女工がいましたが、朝鮮人の女工がいるので飛んでいく。帷子《かたびら》小学校で工事をやっている朝鮮人。峰小学校…、もう的確に飛んでいってます。それくらい朝鮮人の誰がいるか、何をしているのかを警官はつかんでいたんです。

＊『関東大震災』の出版

姜徳相先生は、一九七五年に中央公論社から『関東大震災』を出版します。この本については各新聞社が書評を取り上げました。今は、新幹社の復刻版が手に入ります。

初めて先生が本としてまとめられた『関東大震災』の前書きを読ませていただきます。

「不逞鮮人を銃剣にて刺殺しつつあるなり、頭部と言わず滅多切りにして溝中《こうちゅう》になげこむ残虐目もあてられず、殺気満々たる気分の中にありておそろしきとも覚えず、二人まで見たれ共、おもい返して神奈川へいそぐ」

これは横浜駅前の虐殺事件です。これを書いた人は、福鎌《ふくかま》さんという方で、夫が横浜地方裁判所の検事をやっていた。夫の生死もわからず家も焼け、弟が住んでいる東京に行く途中のことです。

「目撃談のような朝鮮人の血しぶきは、日本の歴史に慚愧の負の遺産を刻印したのである」

しかし、この問題をきちんと受け止めて、歴史の中に位置づけようとなぜしないのか。

「第二次大戦後三〇年、日本は民主国家にうまれかわったという。しかし、どうして虐殺事件に手を貸した加害者のうずきを自ら検証できないのであろうか。関東震災下の事件ばかりではない。南京虐殺もそうだ」

「いまだ植民地支配以降の日本社会の構造が基本的に克服されることなしに存続しているためであり、日本の侵略主義、排外主義が、なお根強く残るいわれなき朝鮮民族への偏見や差別をテコに再びたちあらわれる可能性にもつながるものである。著者が、この書をあらわそうとした動機の一つはここにある」

先生は前書きでこのように出版の動機を書きました。

そして、

「しかし、この本を書くにあたって、著者が被害民族の一員として告発の刃をつきつけることになってはいけない」「そのためにできればこの仕事は日本人自身の歴史の問題として追究してもらいたい、とのためらいの心がなかったといえば嘘になる。が、編集者の熱心なすすめもあり、一方で被害者の立場から『血債』の決算書をつくっておくことも必要であろうと思った」

こうしてこの本を出版したといいます。

・虐殺六〇年目

姜先生は、当時の警察や内務省のトップだった人に会うために、紹介状を書いてもらって伺ったが、誰も会ってくれなかったとよく話していました。

しかし、その人たちは、日本人には会っているんです。「朝鮮人から糾弾されると思ったんだろう」と、笑っておりましたけれども、会わなかったことによって歴史事実が明らかにならなかったわけです。

そういう思いの中で、一九八〇年代に、「関東大震災六〇年に思う」という論文を書いておられます。これは『季刊三千里』の三九号に掲載されました。

「多くの人は、関東大震災で、六千人、七千人もの朝鮮人が殺されたことは知っているだろう。しかし、どうしてこんな多くの人が命を失わなければならなかったのか。そしていつどこで誰が殺されたのか。なおわからないままの状態であるのかを知っている人はあまりいないだろう」

そういう中でも、若い人たちが、動き始めていると、いうことを評価しています。

「その年の八月中旬に完成したばかりの記録映画『隠された爪音』である。映画学校に通う日本人と朝鮮人の若者たちが、しり込みする体験者を口説き、一年かけて撮影を続けた。犠牲者の老人が事件を目撃した日本人の手を取り、『悔しかったよ』と、嗚咽する場面は圧巻である。千葉の教師の市民グループ。古老たちの思いを、口を開かせた。数々の証言を集め、いわれなく殺された人々、そういう本を出版した」

「加害者の現実を直視しようと、東京荒川河川敷に埋められた朝鮮人の遺骨を探して、二回も掘り直した。マスコミで大きく取り上げられたので、多くの人たちはこのことは知っている人が多いだろう」

研究者ではなくて市民レベルでこの問題をきちんと受け止めていこうと若者たちが動き始めたのです。日本人の若者もいるし朝鮮人の若者もいました。

最初に出たのは『民族の棘《とげ》』です。『いわれなく殺された人々』『かくされていた歴史』、各地域で目撃した人の話、あるいは虐殺を免れた人の話。そういうものを出版しました。追悼会をやり、歴史と現実を見つめ直していこうという取り組みが進んできたように思います。そのことを、姜先生は、「六〇年に思う」の中に書きました。

・虐殺七〇年目

それから一〇年経った虐殺七〇年目、一九九三年頃です。

この頃には、いろんなことが明らかになってきました。日本人が最初に問題にしたのは大杉栄です。その次に社会主義者の虐殺です。

それらの虐殺を全部一緒にして、「三大テロ」と、研究者等が呼ぶようになりました。あるいは「五大テロ」だとか「一〇大テロ」だとか…。例えば、被差別部落の人たちの虐殺、あるいは誰何《すいか》されて言葉が喋られなくて虐殺された日本人。全部ひっくるめて言うようになってきたわけです。

この問題について、姜先生は以前から問題にしていました。朝鮮人の虐殺問題と他の虐殺問題の、どこが違うかということです。

「三大テロ史観について」という論文を発表したのは、一九九四年、一橋大学の教授の時です。大杉栄などの社会主義者、中国人、琉球人、沖縄人、そして朝鮮人、こういうのは全部をひっくるめて、テロ事件というふうに言うようになっていました。

「これらは個々の命の問題において全く同じものです。違いはありません。しかし、家族三人、社会主義者九人。それと、六千人とも九千人とも言われる命とは、量が違います。六千人の死体を並べたところを想像してみてください。これはどういう事件であったかがわかると思います。この量の違いはそのまま質の違いだと思います。それを並立させて扱うことは、それこそ官憲の隠蔽工作に加担するものでしかない」

このように書いています。

大杉事件、亀戸事件は官憲による権力犯罪です。密室で行われた密室犯罪です。自民族の中の階級問題です。

これに対して朝鮮人事件は、官民一体の、しかも一般民衆が加担した民族犯罪です。そして中国人、琉球人の問題は、日本と朝鮮の矛盾によって引き起こされた派生的なもので、日本の排外ナショナリズムの犠牲になった事件です。「これを一緒に見てはいけない。事件の本質を見ることはできなくなる」と、一九九〇年代は主張します。

そして二〇〇三年に、『関東大震災虐殺の記憶』を出版します。朝鮮史研究会で、関東大震災八〇周年を迎え、あらためて考えることということで、いろんな問題をまとめて提起します。

・研究史発表会

研究史発表会では、三つのことを言います。

一つは流言です。官憲発生説と自然発生説について、ここで結論を出します。二つ目は戒厳令について。三つ目は三大テロについてです。

流言について、大杉栄らを殺害した甘粕憲兵分隊長は、「大正九年戦役」(三・一独立運動)のときには朝鮮にいて功労賞をもらっています。

つまり軍隊では、朝鮮の義兵闘争や独立闘争を戦役(戦争)として見ていて、それで功労があった甘粕が表彰された。朝鮮人をそういう形で見て、弾圧し抹殺する方針をとるわけです。

在日朝鮮人に対しては、一九一三年に、朝鮮人識別法というものができて、官憲は徹底的に勉強させられます。

朝鮮人は日本人と似ているから見ただけではわからない。そこで、顔の洗い方だとか、鉢巻きの仕方だとか、手ぬぐいのかぶり方だとか、ガギグゲゴやパピプペポの発音だとか、そういった習慣や発音で見分ける。そういうことを、警官や内鮮係の者は研修を受けるわけです。

関東大震災のときに、ガギグゲゴを言わせるとか、一五円五五銭を言わせるとかしたのは、自警団の人たちが知っていたことではなくて、権力が誰何の方法を注入しているわけです。

日本人一般ではなくて、憲兵や特高警察の鮮人係が朝鮮人を監視し取り締まる。これを専門にしていたプロが、流言を流布したのが最初ではないか。それを次から次へ権力が広めていく。

姜先生は八〇年を迎えるにあたってあらためてこの流言説について、官憲説を再度ここで主張しました。

それに対して、松尾さんから手紙が来ます。

「かねて多少の見解の相違があった流言発生論にいたしましても、当初とはずいぶんお互いが接近してきたように思います。私もだいぶ前から単純な民衆自然発生説は修正しています」

松尾さんも官憲説に同調した手紙でした。

八〇年の時に、姜先生はこういうふうにまとめたけれども、なおかつ戒厳令については、まだ問題があるっていうふうにおっしゃいます。

・二〇〇〇年代

二〇〇〇年に入って姜先生は韓国へ行かれて、「日韓関係史から見た関東大震災　一国史を超えて」、というのを、まとめられます。

大原社会問題研究所の雑誌にも「一国史を超えて　関東大震災における朝鮮人虐殺研究五〇年」というのでも、この「一国史を超えて」という論文を発表しています。

最後に発表したのは、「日韓関係史から見た関東大震災　一国史を超えて」の論文は二〇一三年です。

これはソウルで開催された日韓の研究者によるシンポジウムの記録です。

「歴史教科書や各種新聞報道をはじめ、歴史学、歴史教育の多様な視点からこの課題に迫り、今後の真相究明と、日韓の市民の国際連帯を考えることがここでできた」

そこで姜先生が発表された最後の一言はこういうふうに、その本には書かれています。論文にはこういうことが書かれています。

「首を切り、手足をもぎ、生きたまま火中に投じ、海や川に投げ、縛って通行人にノコギリを挽かせる。一寸刻みのあの世行きなど残忍な殺害について一言の謝罪もなく、放火、盗賊、暴漢などの汚名の名誉回復もなしの九〇年間であった」

日本社会が朝鮮人には住みづらい外国でした。それは解放直後の同胞社会の一挙の崩壊、すなわち、二三〇万人の人口が半年の間に六五万人になったことで示されます。一挙に自分のふるさとに、故郷に帰る、朝鮮に帰ったのは、あの、関東大震災の虐殺が起こるかもしれないという恐怖を抱えて帰ったわけですね。記憶はずっと朝鮮人の中には生きていたんです。

日本人の中には無くなっているんです。

アメリカに負けたのはしょうがないが、朝鮮人に威張られるのは我慢ならないという空気が日本全国にみなぎり、その恐怖から逃れるために逃げ出した人も多数あります。強制連行で労働現場にいた人も同じで、震災の記憶は在日のトラウマとなっていました。そして新宿で、鶴橋で、韓民族憎悪はなお現在進行中です。

これが二〇一三年の状況です。今だったら、先生は何と書くでしょう。ウトロの放火事件。桜本の事件。絶え間なく起こる、このような在日朝鮮人に対する事件。

関東大震災から、あと一年で一〇〇年になるにもかかわらず、この歴史は清算されていません。何も清算されていません。

私達は、横浜で、一〇〇年をどう私達は迎えたらいいのか。多くの人たちと今、取り組み始めましたけれども、この現実をきっちり伝えていく。そして、なぜこういうことが起こったのか。過去三〇年にわたって、きちんと考え直していく。私達はやらなくてはいけないんじゃないかと思っております。

追悼会のときに、私達の実行委員は朗読劇をやります。姜徳相先生の言葉を伝えます。

「関東大震災時の朝鮮人虐殺は震災という偶然と差別と偏見が生み出した流言によって悲劇が起こったわけではない。虐殺に至るまでの三〇年の歴史を直視することが大切だ」

すなわち、東学農民革命軍との戦争、日清戦争です。そして日露戦争。その後の日本の強権支配に反対して、朝鮮全土を血で染めて七年にわたる義兵闘争を含めた歴史があります。日本が朝鮮を植民地支配するとき、朝鮮総督府の長官は、現役の陸海軍大将で、徹底して武力で押さえました。

しかし、一九一九年の三月、三・一独立運動が起こります。日本は武力で徹底的に弾圧しました。朝鮮独立運動は弾圧を受けながらも上海に臨時政府を成立させ、活発に展開していきます。ゲリラ戦争です。

日本はシベリア出兵が敗退し追い詰められた状態でした。中国では五・四運動が起こり、ロシアでは革命が起こり、単なる民族の独立運動ではなくなってきました。国際的な機運の反日運動、社会主義思想を持った解放運動という局面が見え始めました。

そんな中、何が何でも潰すということ以外に、日本の植民地支配の生き延びる道はないと考え、朝鮮人ならば殺してもよいと徹底弾圧をやったのだと考えます。

これが、二〇一〇年代に、先生が言った論文のほんの一部です。関東大震災時の朝鮮人虐殺はジェノサイドです。ヘイトスピーチ、ヘイトクライムがジェノサイドを引き起こします。

朝鮮人虐殺の歴史を明らかにしていくには、事実だけではなく、なぜ起こったのかを明らかにしていかなければいけません。現代に生きる日本人にとっての課題は、戦争の反省だけではなく、植民地支配の歴史を明らかにし、責任を取っていくことが重要です。こういうことを追悼会のときに参加した皆さんに呼びかけております。

なかなか過去三〇年にわたるいろいろ歴史を学習するということは、適当な参考資料もなく非常に大変ですが、虐殺一〇〇年に向けて、多くの日本人がこの問題は何だったのかということをきっちり受け止めてほしい、っていうふうに思っています。

〔質疑応答〕

（Q）この「時務」というのは、あまり見かけない単語ですが、どういうこのイメージ、意味で使っておられますか。

（A）辞書には、「その時代にたいせつな政務や事務」と出ています。私達も初めて「時務の歴史」を聞いたときには、使ったことがないしすごく戸惑いました。それを本の題にするのもどうかと思いました。でも刊行委員会で話し合っているうちに、こういう言葉もあるんだということと、歴史研究者は時の務めということで、何をテーマにするかは重要なことであることが分かりました。ある意味で人々の生き方に関わってくる問題です。そこで、この言葉を広めようと、ささやかには思っていたんです。

（Q）神奈川でフィールドワークを今度なさってくださるということで、私も参加しようかと思っています。何かこれをまとめるとか、発表するとかっていう予定はありますか。

（A 実行委員）私達が出した証言集に沿って、この地図のここが証言集の何ページにあるという具合に説明したいと思い今準備中です。

特に横浜というと、中村川の虐殺が有名ですが、そればかりではなく、横浜に住んで散策すると、そこら中に虐殺の場所があるんです。横浜スタジアムの辺りもそうです。その海の方の県庁も崩れてしまいました。

そのあと当時神奈川県警の治安の実質的責任者であった西坂勝人が東京に行きました。真夜中の一日に地震が起き、夜中の三時に歩いてもう一人の人に行き、国のトップに民の連帯を断ち、軍人に米をくれ、軍を出してくれ、そういう要求に行く。

スタジアムの辺や、もういたるところに虐殺の跡があります。それを一部でも皆様にお伝えしていきたいと思っています。

（Q）証言集はありますか。

（A 実行委員）証言集は二〇〇〇冊つくったんですが、完売してしまいました。前に出した証言集にプラスしたものを新しく出す予定で、今、せっせとやっています。

（日韓記者・市民セミナー　第三〇回　二〇二二年五月一〇日）

〔著者紹介〕

● 廣瀬　陽一（ひろせ・よういち）

1974 年、兵庫県生まれ。大阪公立大学客員研究員。専攻は日本近代文学、在日朝鮮人文学。著書に『中野重治と朝鮮問題―連帯の神話を超えて』（青弓社）、『金達寿とその時代―文学・古代史・国家』『日本のなかの朝鮮 金達寿伝』(ともにクレイン)。

● 内海　愛子（うつみ・あいこ）

歴史社会学。早稲田大学平和学研究所招聘研究員。『赤道下の朝鮮人叛乱』（共著 勁草書房）、『朝鮮人 BC 級戦犯の記録』（勁草書房、のちに岩波現代文庫）、『日本軍の捕虜政策』（青木書店）、『キムはなぜ裁かれたのか　朝鮮人 BC 級戦犯の軌跡』（朝日新聞出版）、『スガモプリズン　戦犯たちの平和運動』（吉川弘文館）、『戦後補償から考える日本とアジア』（山川図書出版）など。

● 山本　すみ子（やまもと・すみこ）

横浜市立小学校を退職後、市民団体「関東大震災時朝鮮人虐殺の事実を知り追悼する神奈川実行委員会」を組織、同代表。編著に『時務の研究者 姜徳相― 在日として日本の植民地史を考える』（姜徳相聞き書き刊行委員会、三一書房）。

＊日韓記者・市民セミナー　ブックレット 13 ＊

消してはならない歴史と「連帯の未来像」

2023 年 8 月 15 日　　初版第 1 刷発行

著者：廣瀬陽一、内海愛子、山本すみ子

編集・発行人：裵哲恩（一般社団法人ＫＪプロジェクト代表）

発行所：株式会社 社会評論社

東京都文京区本郷 2-3-10

電話：03-3814-3861　Fax：03-3818-2808

http://www.shahyo.com

装丁・組版：Luna エディット .LLC

印刷・製本：株式会社 プリントパック

YouTube「KJテレビ」日韓記者・市民セミナー

動画配信　二〇二三年＊＊月＊＊日現在（一部、韓国語字幕あり）
●印はブックレット収録済

●第1回　二〇一九年八月三日
関東大震災「朝鮮人虐殺否定」論反証　　加藤直樹（作家）

●第2回　二〇一九年九月二五日
よく知らない韓国（人）を知ろう　　権　鎔大（経営コンサルタント）

●第3回　二〇一九年一〇月一八日
特攻隊員として死んだ朝鮮人の慰霊事業　　黒田福美（女優）

●第4回　二〇一九年一〇月二六日
JOCの不可解な動き　　谷口源太郎（スポーツジャーナリスト）

●第5回　二〇一九年一一月二四日
北送事業60年の総括　　菊池嘉晃（ジャーナリスト）

●第6回　二〇一九年一二月一二日
韓国ヘイトと対処法　　香山リカ（精神科医）

●第7回　二〇一九年一二月一七日
在日二世の数奇な半生　　尹　信雄（元民団倉敷支部団長）

●第8回　二〇二〇年二月一〇日
安倍政権の内政と外交　　小池　晃（日本共産党書記局長）

●第9回　二〇二〇年二月二一日
南北韓と韓日関係の展望　　平井久志（ジャーナリスト）

●第10回　二〇二〇年七月一日
虚構の「嫌韓」からの解放　　澤田克己（毎日新聞論説委員）

●第11回　二〇二〇年七月一五日
川崎でのヘイトスピーチ攻防
石橋　学（神奈川新聞記者）

●第12回　二〇二〇年八月五日
在米コリアンと日系米人社会
金真須美（作家・大学講師）

●第13回　二〇二〇年八月二六日
多様性の中の在日コリアン
金村詩恩（作家・ブロガー）

●第14回　二〇二〇年九月二日
朝日新聞の慰安婦報道と裁判
北野隆一（朝日新聞編集委員）

●第15回　二〇二〇年九月一六日
平行線をたどる徴用工問題
殷　勇基（弁護士）

●第16回　二〇二〇年一〇月一六日
『評伝 孫基禎』の上梓とその後
寺島善一（明治大学名誉教授）

●第17回　二〇二〇年一〇月三〇日
復刻『関東大震災』の意義
高　二三（新幹社社長）

●第18回　二〇二〇年一一月一八日
キムチが食べられる老人ホーム・故郷の家
尹　基（社会福祉法人「こころの家族」理事長）

●第19回　二〇二〇年一一月三〇日
日本学術会議会員任命拒否問題の背景
纐纈　厚（明治大学特任教授）

●第20回　二〇二〇年一二月八日
差別と偏見の現場取材
安田浩一（ノンフィクションライター）

●第21回　二〇二一年四月二七日
『韓国ドラマ食堂』の話
八田靖史（コリアン・フード・コラムニスト）

●第22回　二〇二一年七月一四日
差別実態調査から見るヘイト
權　清志（朝鮮奨学会代表理事）

●第23回　二〇二一年一一月六日
映画『在日』上映と呉徳洙監督を語る　清水千恵子（映画『在日』スタッフ）
●第24回　二〇二一年一一月一九日
記憶を拓く「信州・半島・世界」　田中陽介（信濃毎日新聞編集局デスク）
●第25回　二〇二一年一二月一三日
外国人は「害国人」ですか―日本の「入管体制」を検証する　田中　宏（一橋大学名誉教授）
●第26回　二〇二二年一月一四日
歴史事実に介入する政府と「作る会」　鈴木敏夫（子どもと教科書全国ネット21事務局長）
●第27回　二〇二二年三月一一日
在日オペラ歌手が願う日韓関係　田　月仙（オペラ歌手）
●第28回　二〇二二年三月二六日
日韓関係の危機をどう乗り越えるか　日韓協約の不存在から考える　戸塚悦朗（弁護士）
●第29回　二〇二二年四月一六日
参議院選に出馬～誰もが大切にされる社会実現へ　金　泰泳（東洋大教授）
●第30回　二〇二二年五月一〇日
時務の研究者「姜徳相」関東大震災時の朝鮮人虐殺研究　山本すみ子（姜徳相聞き書き刊行委員会）
●第31回　二〇二二年六月二七日
絶望から希望を見出す　川崎桜本をめぐる　ふたつの物語　金聖雄（映画監督）
●第32回　二〇二二年七月九日
民族的連帯から見るインターナショナリズム　中野重治の朝鮮認識を手がかりに　廣瀬陽一（大阪公立大学客員研究員）
○第33回　二〇二二年七月一七日
在日コリアン研究40年を振り返る　朴　一（大阪市立大学名誉教授）
●第34回　二〇二二年八月三日
ヘイトスピーチ・ヘイトクライム根絶に向けて　師岡康子（弁護士）

○第35回　二〇二二年八月二七日
指紋押捺拒否からヘイトスピーチ根絶へ　ピアノ&トーク　崔　善愛（ピアニスト、週刊金曜日編集委員）
●第36回　二〇二二年九月一三日
「先生不足」が生んだ学校崩壊の現実　安倍「教育再生」路線がもたらしたもの　竹村雅夫（藤沢市議会議員）
●第37回　二〇二二年九月二二日
民主主義を壊す政治と宗教の癒着　旧統一教会の問題性　有田芳生（前参議院議員）
○第38回　二〇二二年一〇月七日
総連と民団の相克七十七年　竹中明洋（フリーライター）
●第39回　二〇二二年一〇月二三日
川越唐人揃いパレードの18年間の取り組み　朝鮮通信使の精神を現代に継承　江藤善章（実行委代表）
●第40回　二〇二二年一一月四日
浅川伯教・巧兄弟への敬愛と感謝　河　正雄（私塾清里銀河塾塾長）
●第41回　二〇二二年一二月一四日
キムはなぜ裁かれたのか　BC級戦争裁判　内海愛子（同進会を応援する会代表）
○第42回　二〇二三年一月一九日
朝鮮半島取材30年、現場で見た南と北　城内康伸（東京新聞編集委員・東アジア担当）
○第43回　二〇二三年二月一〇日
障害福祉の課題　金重政玉（元内閣府障がい制度改革推進会議政策企画調査官）
○第44回　二〇二三年三月一一日
ソウルから東京を歩く「第九次朝鮮通信使の意義」　遠藤靖夫（21世紀の朝鮮通信使ウオークの会会長）
○第45回　二〇二三年四月一九日
旧世代とは一味違う在日三世の生き方　姜　龍一（作家）
○第46回　二〇二三年五月一五日
東洋医学の日韓交流―韓国伝統の「気」の体験　裵　晙映（鍼灸師）

○第47回　二〇二三年五月三一日
コリアンルーツの目から見た日本社会　深沢　潮（小説家）
○第48回　二〇二三年六月二四日
反ヘイトのロードマップを考えるために　金　展克（民団支部事務部長）
○第49回　二〇二三年七月二九日
尹東柱の愛と死の物語「星をかすめる風」を顕彰する　広戸　聡（俳優）
○第50回　二〇二三年八月七日
関東大震災朝鮮人虐殺から百年、歴史隠蔽を撃つ　呉　充功（映画監督）

■ 日韓記者・市民セミナー　ブックレット ■

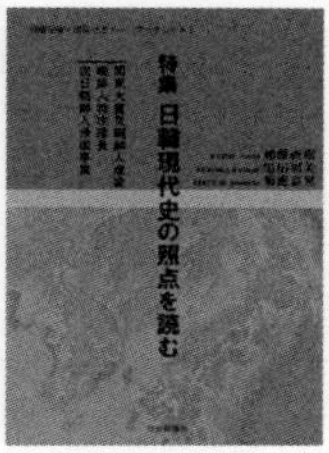

創刊号
『特集　日韓現代史の照点を読む』

加藤直樹／黒田福美／菊池嘉晃

A5判　一一二頁　本体九〇〇円＋税

二〇二〇年八月一五日発行

コロナの時代、SNSによるデマ拡散に虚偽報道と虐殺の歴史がよぎる中、冷え切った日韓・北朝鮮関係の深淵をさぐり、日韓現代史の照点に迫る。関東大震災朝鮮人虐殺、朝鮮人特攻隊員、在日朝鮮人帰国事業の歴史評価がテーマの講演録。

第2号
『ヘイトスピーチ　攻防の現場』

石橋学／香山リカ

A5判　一〇四頁　本体九〇〇円＋税

二〇二〇年一一月一〇日発行

川崎市で「差別のない人権尊重のまちづくり条例」が制定され、ヘイトスピーチに刑事罰が適用されることになった。この画期的な条例は、いかにして実現したか？　ヘイトスピーチを行う者の心理・対処法についての講演をあわせて掲載。

第3号
『政治の劣化と日韓関係の混沌』

纐纈厚／平井久志／小池晃

A5判　一一二頁　本体九〇〇円＋税

二〇二一年二月一二日発行

政権はエピゴーネンに引き継がれ、学会へのあからさまな政治介入がなされた。改憲の動きと併せて、これを「〝新しい戦前〟の始まり」と断じることは誇張であろうか。日本学術会議会員の任命拒否問題を喫緊のテーマとした講演録ほかを掲載。

第4号
『引き継がれる安倍政治の負の遺産』

北野隆一／殷勇基／安田浩一

A5判　一二〇頁　本体九〇〇円＋税

二〇二一年五月一〇日発行

朝日新聞慰安婦報道と裁判、混迷を深める徴用工裁判、ネットではデマと差別が拡散し、ヘイトスピーチは街頭から人々の生活へと深く潜行している。三つの講演から浮かび上がるのは、日本社会に右傾化と分断をもたらした安倍政治と、引き継ぐ菅内閣の危うい姿。

第５号
『東京２０２０　五輪・パラリンピックの顛末』
——併録　日韓スポーツ・文化交流の意義
谷口源太郎／寺島善一／澤田克己
二〇二一年九月一〇日発行
A５判　一〇四頁　本体九〇〇円＋税

コロナ感染爆発のさなかに強行された東京五輪・パラリンピック。贈賄疑惑と「アンダーコントロール」の招致活動から閉幕まで、不祥事と差別言動があらわとなった。商業主義と勝利至上主義は「オリンピックの終焉」を物語る。

第６号
『「在日」三つの体験』
——三世のエッジ、在米コリアン、稀有な個人史
金村詩恩／金真須美／尹信雄
二〇二一年一二月五日発行
A５判　一〇四頁　本体九〇〇円＋税

三人の在日コリアンが実体験に基づき語るオムニバス。日本社会で在日三世が観る風景。在米コリアンと在日三世の出会い。日本人の出自でありながら「在日」として生き、民団支部の再建と地域コミュニティに力を尽くした半生を聴く。

第７号
『キムチと梅干し—日韓相互理解のための講演録』
権鎔大／尹基／八田靖史
二〇二二年三月一〇日発行
A５判　一〇四頁　本体九〇〇円＋税

互いにわかっているようで、実はよくわからない——そこを知る一冊。韓国文化と生活習慣の理解が在日高齢者の介護に不可欠だという「故郷の家」。韓国ドラマの料理から文化と歴史を探る。

第８号
『歴史の証言—前に進むための記録と言葉』
田中陽介／高二三／金昌寛、辛仁夏、裵哲恩、清水千恵子
二〇二二年六月二八日発行
A５判　九六頁　本体九〇〇円＋税

講演で紹介された信濃毎日新聞の特集は、誠実に歴史に向き合うことの大切さを教えてくれる。姜徳相著『関東大震災』復刻と、呉徳洙監督の映画『在日』は、前に向かって進むためのかけがえのない歴史記録。

第9号
『千円札の伊藤博文と安重根』
――入管体制、日韓協約、教科書検定から制度と社会を考える

田中宏／戸塚悦朗／鈴木敏夫　A5判　一〇四頁　本体九〇〇円＋税
二〇二二年九月二七日発行

外国人に対する入国管理と日本社会――、そこに現れる差別と排外主義の歴史をたどると、日本による勧告併合に行き着くという。安重根（アン・ジュングン）による伊藤博文銃撃事件と、今どのように捉えるか…。近現代の歴史を教える学校教育と教科書検定の現在を併せて検証する。

第10号
『ヘイト・差別の無い社会をめざして』
――映像、人権、奨学からの取り組み

金聖雄／師岡康子／權清志　A5判　一〇四頁　本体九〇〇円＋税
二〇二三年一月二〇日発行

ヘイトスピーチは単なる暴言や憎しみの表現ではなく、本質的に差別である。社会からこれを無くすための、川崎・桜本の映画制作、法と条例の限界を超えて進もうとする法廷闘争、在日の若者たちに対する差別実態調査など三つの取り組みを紹介する。

第11号
『いま解決したい政治課題』
――政治と宗教、学校崩壊、定住外国人参政権

有田芳生／竹村雅夫／金泰泳　A5判　一一二頁　本体九〇〇円＋税
二〇二三年四月一五日発行

政治に関わる三つの講演。一つ目は政治との癒着が明るみに出た旧統一教会の実体と問題性。二つ目は全国で起きている学校崩壊の現実。三つ目は日本に帰化して参政権を取得し参院選に立候補した在日二世の生き方。

第12号
『日韓友好・多文化共生への手がかり』
――過去に学び未来に向かう三つの形

田月仙／河正雄／江藤善章　A5判　一〇四頁　本体九〇〇円＋税
二〇二三年六月一〇日発行

絶賛を博した在日二世の創作オペラ『ザ・ラストクイーン』、植民地支配の時代に朝鮮の風俗と文化を愛した浅川伯教・巧兄弟、豊かな文化交流を実現した朝鮮通信使に光を当て、日韓友好・多文化共生への手がかりを考えます。

ブックレット創刊のことば

日韓関係がぎくしゃくしていると喧伝されています。連日のように韓国バッシングする夕刊紙、書店で幅を利かせる「嫌韓」本、ネットにはびこる罵詈雑言。韓流に沸いた頃には考えられなかった現象が日本で続いています。その最たるものが在日を主なターゲットにしたヘイトスピーチです。

一方の韓国。民主化と経済成長を実現する過程で、過剰に意識してきた、言わば目の上のたんこぶの日本を相対化するようになりました。若い世代にすれば、「反日」は過去の遺物だと言っても過言ではありません。支持率回復を企図して政治家が「反日」カードを切るパフォーマンスも早晩神通力を失うでしょう。

ことさらに強調されている日韓の暗の部分ですが、目を転じれば明の部分が見えてきます。両国を相互訪問する人たちは二〇一九年に一〇〇〇万人を超え、第三次韓流は日本の中高生が支えていると知りました。そこには需要と供給があり、「良いものは良い」と素直に受け入れる柔軟さが感じられます。

コリア（K）とジャパン（J）の架け橋役を自負するKJプロジェクトは、ユネスコ憲章の前文にある「相互の風習と生活を知らないことは、人類の歴史を通じて疑惑と不信をおこした共通の原因であり、あまりにもしばしば戦争となった」「戦争は人の心の中で生まれるものであるから、人の心の中に平和のとりでを築かなくてはならない」との精神に立脚し、日韓相互理解のための定期セミナーを開いています。

このブックレットは、趣旨に賛同して下さったセミナー講師の貴重な提言をまとめたものです。食わず嫌いでお互いを遠ざけてきた不毛な関係から脱し、あるがままの日本人、韓国人、在日の個性が生かされる多文化共生社会と、国同士がもめても決して揺るがない市民レベルの日韓友好関係確立を目指します。

二〇二〇年八月

一般社団法人 KJ プロジェクトは、会費によって運営されています。日韓セミナーの定期開催、内容の動画配信、ブックレット出版の費用は、これにより賄われます。首都圏以外からも講師の招請を可能にするなど、よりよい活動を多く長く進めるために、ご協力をお願いします。

会員登録のお問い合わせは、

▶ KJ プロジェクトメールアドレス　cheoleunbae@gmail.com へ